Theo Peffer

Meine Zimmerpflanzen

Editions Guy Binsfeld © Photos Jochen Herling

Inhalt

Die Pflanzen sind Lebensgefährten 7
Lebewesen und Pfleglinge 8
Am Anfang ist das Licht 10
Luft zum Atmen 13
Wasser als Kraftquelle 14
Auf dem Boden der Gesundheit 18
Frisch gedüngt ist halb gewonnen 21
Machen Sie sich kein Topfzerbrechen 24
Wir fahren in Urlaub — und unsere Pflanzen? 27
Sind Sie aufgeklärt? oder:
Das Vermehren der Zimmerpflanzen 28
Es gibt noch keine Pflanzenärzte 34
Keine Angst vor Hydrokultur 42
Meine beliebtesten Zimmerpflanzen 49
Pflanzenverzeichnis 142
Stichwörterverzeichnis 143

Autor Théo Peffer und RTL-Sprecherin Jeanine Theisen während einer ihrer wöchentlichen Sendungen zum Thema Blumenpflege und Gartenarbeit.

Liebe Leserinnen und Leser,

Besitzer von Zimmerpflanzen gibt es viele, aber sind auch alle unter ihnen wirkliche Pflanzenfreunde? Zimmerpflanzen sind ein Stück Natur, das in unsere Wohnstuben aufgenommen wurde.
Die Natur ist das Leben, zu dem auch wir selbst gehören.
Nur wer das Leben liebt und schätzt, kann es auch mit seinen Pflanzen richtig teilen....ein echter Pflanzenfreund sein.
Dieses Buch soll durch seine prächtigen Fotos von Jochen Herling nicht nur eine Augenweide für Sie sein, es soll Ihnen helfen, mit Ihren Zimmerpflanzen auf Du zu stehen, sie besser kennenzulernen und vor allem, sie gesünder zu pflegen.
Niemand wäre besser als Théo Peffer dazu geeignet gewesen, dieses Buch für uns zu verfassen. Der langjährige Pflanzenexperte, der Generalsekretär des Luxemburger Kleingärtnerverbandes „Coin de Terre et du Foyer", der Animator der wohl beliebtesten Sendung Radio Luxemburgs darf ohne Zögern als Pflanzenfreund Nummer Eins bezeichnet werden.
Seine Liebe zu den Pflanzen, sein unbegrenzt scheinendes Wissen auf diesem Gebiet und seine enorme Erfahrung werden Ihnen in vielerlei Hinsichten wertvoll sein: beim Kauf von Zimmerpflanzen für die eigene Wohnung oder zum Verschenken, bei der richtigen Dekoration mit Zimmerpflanzen und zu deren gesundem Gedeihen.
Wir wünschen Ihnen viele Jahre Freude an diesem Buch und an Ihren eigenen Zimmerpflanzen!

Ihr Verlag

Die Pflanzen sind Lebensgefährten

Wenn wir heute ein Blumengeschäft betreten, ist es kaum vorstellbar, daß das Angebot an Zimmerpflanzen sich vor 50 Jahren noch auf sehr wenige Arten beschränkte. Schusterpalme, Sansevieria, Gummibaum und Zimmertanne waren seinerzeit die verbreitesten unter diesen wenigen Pflanzen. Hinzu kamen noch Wegwerfpflanzen, zum Beispiel die Begonien. Die heutige Auswahl umfaßt Hunderte von Arten und jedes Jahr kommen neue hinzu. Unsere Gärtner haben durch Züchtung, durch Auswahl von weniger empfindlichen Mutationen erreicht, daß Pflanzen, die normalerweise nur im Blumenfenster überleben, auch in unseren modernen Wohnungen bei entsprechender Pflege gehalten werden können. Dennoch ist es problematisch geblieben, Zimmerpflanzen, deren Heimat die tropischen Regenwälder sind, an unsere durch Heizkörper ausgetrocknete Zimmerluft zu gewöhnen.

Deshalb ist auch der Standort unserer Zimmerpflanzen bei der Auswahl und der Pflege der Arten nicht zu unterschätzen. Wenn Sie ein Ost- und Westfenster besitzen, sind Sie am besten gerüstet, eine Vielfalt von Pflanzen zu halten. Nordfenster sind wegen der absonnigen Lage ideal für schattig zu haltende Arten — aber auch für solche, die keine direkte Sonne vertragen. Stehen Ihnen nur Südfenster zur Verfügung, so ist Ihre Auswahl an Pflanzen sehr beschränkt. Nur Sansevieren, Crassula, Euphorbien, (Christusdorn, Weihnachtsstern) Buntnessel und Gasterien gedeihen an solchen Fenstern. Natürlich können Sie die Pflanzen ein paar Ellen von einem solchen Fenster entfernt aufstellen. Sie müssen allerdings immer darauf achten, daß während der Mittagszeit schattiert wird, durch Rollos oder durchscheinende Vorhänge.

Bei der Auswahl geeigneter Pflanzen sollten Sie ebenfalls auf deren Größe Rücksicht nehmen. Falls Sie nur einen kleinen Wohnraum zur Verfügung haben, sollten Sie lieber auf hochwachsende Arten wie Zyperngras (Papyrus) oder Aronstabgewächse

verzichten, denn Sie würden Ihren eigenen Lebensraum nach ein oder zwei Jahren zu stark einengen.

Das vorliegende Buch soll Ihnen, liebe Leserin und lieber Leser, eine kleine Anleitung zur Pflege Ihrer Zimmerpflanzen sein. Bewußt werden schwer zu haltende Arten nicht beschrieben. Nur einige wenige, die immer wieder in „Arrangements" vorkommen, wurden in die Kollektion aufgenommen, dies um all jenen, die nicht über ein Blumenfenster oder ein Gewächshaus verfügen, zu erlauben, die Pflanzen dennoch so lange wie möglich zu erhalten. Die meisten der beschriebenen Pflanzen können selbst vom Anfänger in normalen Wohnzimmern auf dem Fensterbrett mit Erfolg gepflegt werden. Bitte vergessen Sie nie: Pflanzen, auch Zimmerpflanzen, sind wie alle andern Lebewesen den biologischen Gesetzen unterworfen. Und wie jedes Lebewesen brauchen sie liebevolle Hege und Pflege. Die Lebenserwartung einer Zimmerpflanze schwankt je nach Art zwischen 3 und 15 Jahren. Auch dies sollten Sie bedenken. Wenn also eine Ihrer Pflanzen eingeht, so muß nicht immer ein Pflegefehler vorliegen, denn sehr oft ist der Tod der Pflanze eine natürliche Alterserscheinung.

Lebewesen und Pfleglinge

Da die Zimmerpflanzen, wie gesagt, den biologischen Gesetzen unterworfen sind, ist es wichtig, daß Sie die hauptsächlichsten dieser Gesetze kennen. Dadurch werden viele Pflegemaßnahmen leichter verständlich und grobe Fehler lassen sich vermeiden. Beachten Sie, daß Zimmerpflanzen eigentlich immer unter unnatürlichen Bedingungen gehalten werden. Ihre Vorfahren leben in den tropischen Regenwäldern, in fernen Steppen und Savannen oder in den Wäldern und Fluren unserer Heimat. Die klimatischen Verhältnisse dieser Gegenden sind so verschieden wie Feuer und Wasser. Wir zwingen jedoch unsere Zimmerpflanzen — egal aus welcher Gegend sie stammen — in schlecht gelüfteten, trockenen, überheizten Zimmern, in zugigen, dunklen Fluren oder hinter, die Brennwirkung der Sonne verstärkenden, Fenstergläsern zu gedeihen. Daß wir damit Erfolg haben beweist, wie anpassungsfähig die Natur die Pflanzen geschaffen hat. Um trotz dieser unnatürlichen Umgebung ein gutes Wachstum zu erreichen, müssen wir den Pflanzen die bestmöglichsten Lebensbedingungen schaffen. Machen wir uns also mit den wesentlichen biologischen Gesetzen vertraut, denen das Leben einer Pflanze unterworfen ist.

Assimilation

Wichtigster Faktor im Leben der Pflanze ist die Assimilation. Die grünen Blätter und Stengel entnehmen der Luft Kohlenstoff und bilden zusammen mit dem von den Wurzeln zugeführten Wasser Stärke und Traubenzucker. Letztere bilden die Grundelemente, die die Pflanze benötigt um ihre Substanz aufzubauen. Die Energie für die Synthese wird vom Sonnenlicht geliefert, als Katalysator dient das Blattgrün. Ohne Licht also kann eine Pflanze nicht wachsen. Dies bringt für jeden Zimmergärtner eine Reihe von Problemen mit sich, auf die wir in einem eigenen Kapitel eingehen werden.

Traubenzucker und Stärke bilden die Basis für alle andern Verbindungen, die die Pflanze benötigt um zu wachsen, um Stengel, Blätter, Wurzeln und Blüten zu bilden. Die Bausteine zu diesen chemischen Verbindungen entnimmt die Pflanze aus der Erde. Stickstoff (N), Phosphor (P), Kali (K), Kalzium (Ca) sowie die Spurenelemente Mangan (Mn), Magnesium (Mg), Bor (B), Eisen (Fe), Kupfer (Cu) u.a. werden mit dem Wasser durch die Wurzeln aufgenommen und dem Chemiewerk der Blätter zugeführt.

Stoffwechsel

Die Pflanze bildet, genau wie Mensch und Tier, Zellen. Diese Zellen haben einen Stoffwechsel und verbrauchen deshalb Sauerstoff. Dieser Sauerstoff wird ebenfalls durch die Blätter aus der Luft aufgenommen. Aber nicht nur die Blätter oder die grünen Teile der Pflanzen nehmen Sauerstoff auf. Alle ihre lebenden Teile atmen. Während des Tages geben die Pflanzen natürlich weit mehr Sauerstoff ab als sie für die Atmung verbrauchen. Dabei merkt man kaum, daß durch die Atmung (auch während des Tages) ebenfalls Kohlenstoff ausgeschieden wird. Diesen Kohlenstoff verbraucht die Pflanze sofort wieder, um Zucker und Stärke zu bilden. Anders verhält es sich während der Nacht. Wegen des fehlenden Sonnenlichtes ruht die Assimilation, die Atmung geht aber weiter. Die Pflanze braucht also Sauerstoff und gibt Kohlenstoff ab. Deshalb werden in Krankenhäusern, während der Nacht, die Pflanzen außerhalb der Krankenzimmer gebracht. In einem gut durchgelüfteten Schlafzimmer dürfen Sie jedoch ruhig einige Zimmerpflanzen halten ohne Gefahr zu laufen, während der Nacht selbst an Sauerstoffmangel zu leiden, denn der Sauerstoffverbrauch einer Zimmerpflanze ist gering.

Atmung

Vorher wurde schon erwähnt, daß alle lebenden Teile der Pflanze, also neben den Blättern auch die Blüten und die Wurzeln atmen und infolgedessen Sauerstoff verbrauchen. Es ist deshalb wichtig, daß der Boden nicht zugeschwemmt ist. Dies würde der Luft den Zutritt zu den Wurzeln unterbinden. Moderne Einheitserden enthalten chemische Zusätze, die eine gute Durchlüftung der Erde garantieren.

Sumpf- und Wasserpflanzen, deren Wurzeln im Morast oder im Wasser stehen und deshalb vom Sauerstoff abgeschnitten sind, helfen sich, indem sie spezielle Zellen entwickeln, die den durch die oberirdischen Teile aufgenommenen Sauerstoff schnell zu den Wurzeln bringen. Solche Pflanzen können deshalb auch im Zimmer in stehendem Wasser gehalten werden, was für andere Arten den sicheren Tod bedeuten würde. Licht, Erde, Nährstoffe, Luft und Wasser sind für das Wohlergehen unserer Zimmerpflanzen verantwortlich. Unsere Aufgabe ist es, den Pflanzen optimale Bedingungen zu schaffen durch Standort, Düngung, Umpflanzen, Lüften und Gießen. Die Pflanzen danken diese Aufmerksamkeit durch üppiges, gesundes Wachsen und Blühen.

Am Anfang ist das Licht

Aus dem vorhergehenden Kapitel wissen wir, daß eine Pflanze ohne Licht nicht leben kann. Bei Lichtmangel muß jede Zimmerpflanze verhungern. Sie zehrt noch einige Zeit an ihrer Substanz, versucht verzweifelt dem Licht entgegen zu wachsen. Dadurch entsteht der bekannte Geilwuchs, mit langen, dünnen Trieben, an denen sich in weiten Abständen Blätter bilden.

Neben dem Geilwuchs zeigt die Pflanze Lichtmangel durch Ausbleiben der Blätter an. Das zur Assimilation benötigte Blattgrün wird abgebaut und seine Bausteine werden anderen Aufgaben zugeführt. Neues Chlorophyll kann sich nicht bilden, da es am notwendigen Licht fehlt. Natürlich gibt es Pflanzen, die viel Licht brauchen und solche, die mit wenig Helligkeit auskommen — ein Minimum ist jedoch immer erfordert. Beachten Sie dabei, daß das menschliche Auge ein schlechter Lichtmesser ist. Unsere Augen sind sehr anpassungsfähig und bringen ein fast gleichhelles Bild, ob wir nun in der prallen Sonne oder in einer Zimmerecke stehen. Es ist deshalb falsch zu glauben, daß ein Standort, der mit unserm Auge noch als hell bezeichnet werden kann, für eine Pflanze geeignet ist. Objektiv kann man die Helligkeit nur mit einem Luxmeter oder mit einem photographischen Belichtungsmesser messen.

Nachstehend eine Tabelle mit Richtwerten, die es erlauben, mit einem normalen Photoapparat die Lichtstärke eines Standplatzes im Zimmer zu messen. Zu diesem Zweck wird der Apparat auf 18 DIN (50 ASA) eingestellt und mit dem Objektiv zum Fenster hin gemessen.

Blende 11 - 1/125 sec =	100.000 - 150.000 Lux
Blende 5,6 - 1/125 sec =	20.000 Lux
Blende 4 - 1/125 sec =	10.000 Lux
Blende 5,6 - 1/15 sec =	3.000 Lux
Blende 4 - 1/8 sec =	700 Lux
Blende 2,8 - 1/8 sec =	350 Lux

Pflanzen brauchen im Schnitt 1.000 Lux als absolutes Minimum. An einer Stelle, wo der Belichtungsmesser Ihres Photoapparates weniger als Blende 4 mit 1/8 sec. anzeigt, gedeihen Zimmerpflanzen ganz bestimmt nicht mehr

Mit Ausnahme einiger weniger Pflanzen deren Heimat die Wüste ist, lieben Zimmerpflanzen keine direkte Besonnung. Südfenster eignen sich deshalb nicht gut zur Pflanzenhaltung, es sei denn Sie achten auf eine regelmässige Beschattung ab 9 Uhr morgens bis 17 Uhr abends. Am pflanzenfreundlichsten sind Ost- und Westfenster, deren milde Besonnung morgens oder abends von den Pflanzen gut vertragen wird. Auch Nordfenster sind für die Pflanzenhaltung gut geeignet, besonders für solche, die im Schatten der Urwaldbäume ihre Heimat haben.

Unsere Zimmerpflanzen erhalten ihr Licht meistens nur aus einer Richtung. Sie drehen deshalb die Oberfläche ihrer Blätter zur Seite des Lichts. Auch die Jungtriebe wachsen dem Licht entgegen. Dies bewirkt einen unsymetrischen Wuchs. Oft wird versucht, durch Drehen der Pflanzen diesen Nachteil auszugleichen. Das Drehen wird aber von den meisten Pflanzen schlecht vertragen. Sie reagieren mit Gelbwerden der Blätter oder mit Abwerfen der Blüten. Sie sollten deshalb Ihre Pflanzen immer in der gleichen Stellung zum einfallenden Licht stehen lassen. Zu diesem Zweck wird auf dem Blumentopf eine Lichtmarke angebracht. Diese Marke erlaubt es Ihnen die Pflanze immer wieder gleich aufzustellen.

Tafel I

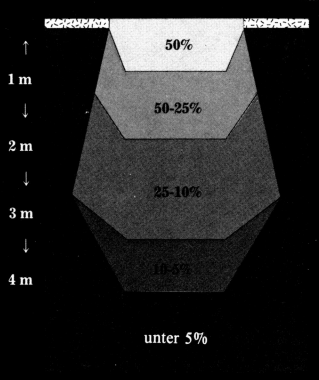
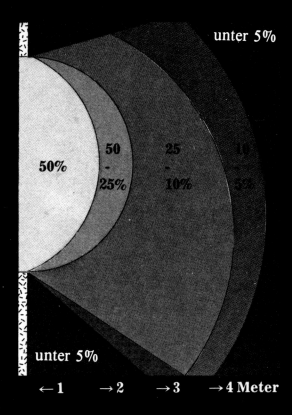

Intensität des Lichtes im Innern eines Zimmers bei bedecktem Himmel gegen Mittag. (Außenlicht 10.000 Lux)

Die Werte sind nur Richtwerte. Sie werden beeinflußt von der Farbe der Tapeten, von der Größe der Fenster, von der Farbe des Fußbodens und der Decke.

Die mittlere Außenlichtintensität beträgt: bei voller Sonne: 100.000 - 150.000 Lux.
Im Schatten: 20.000 Lux.
Bei bedecktem Himmel: 10.000 Lux.

Trotz dem vorhergesagten findet man heute selbst an Stellen mit schlechten Lichtverhältnissen schöne Blumen- und Pflanzenarrangements, zum Beispiel bei der Bepflanzung von Empfangsräumen in Hotels oder Banken. Solche Pflanzungen sind allerdings nur möglich mit künstlichem Licht. Es gibt im Handel Lampen, die speziell für Pflanzen geschaffen wurden. Das Sonnenlichtsspektrum wurde so weit wie möglich nachgeahmt, sodaß es theoretisch möglich ist, in einem dunklen Keller Blumen zu züchten. Normalerweise wird der Zimmergärtner solche Lampen aber nur als Zusatzbeleuchtung gebrauchen um während der dunklen Jahreszeit seinen Pflanzen eine Beleuchtung von rund 14 Stunden zu garantieren. Praktisch hat sich die künstliche Beleuchtung nur bei Hydrokultur bewährt. Bei normaler Erdkultur, deren Pflanzen schon von sich aus anfälliger sind, hat künstliches Licht nur Wert als Zusatzbeleuchtung, nicht aber, um einen zu dunklen Standort aufzuhellen.

Aus der Tafel I ist zu ersehen, daß die Lichtverhältnisse eines Zimmers sehr verschieden sind. Ampelpflanzen, die neben einem Fenster an der Wand hängen, leben sozusagen in stockfinsterer Nacht und sind nicht lebensfähig, auch dann nicht, wenn es sich um Schattenpflanzen handelt. Der für Zimmerpflanzen am besten geeignete Bereich ist vom Fensterbrett aus gemessen eine Zone, die bis 1,51 m weit in das Zimmer hineinragt, auf gleicher Höhe mit dem Fensterbrett liegt und sich nach innen hin nicht viel verbreitert. Außerhalb dieser Zone fühlen sich nur wenige Pflanzen wohl. Bei den einzelnen Beschreibungen wird immer auf die Lichtbedürfnisse der Pflanzen hingewiesen.

Luft zum Atmen

Da während des Tages die Pflanzen Kohlendioxid aufnehmen und Sauerstoff abgeben, ist man leicht geneigt zu glauben, daß die Qualität der Luft für Zimmerpflanzen nicht wichtig ist. Kohlendioxid, das für uns Menschen Erstickung bedeutet, ist für die Pflanzen ein lebenswichtiges Gas. Man könnte also annehmen, verbrauchte Luft wäre für die Pflanzen förderlich. Trotzdem ist dies nicht der Fall. Stickige, trockene Zimmerluft, bedeutet für die meisten Pflanzen den Tod.

Durch den sehr geringen Gehalt der Luft an Kohlendioxid (0,03%) kann die Pflanze nur genügend Kohlendioxid aufnehmen, wenn die Luft in ständiger Bewegung ist. Außerdem braucht die Pflanze besonders während der Nacht Sauerstoff zum Atmen. Da, wie schon betont, auch die Wurzeln sowie der grüne Teil des Stammes und der Triebe atmen, muß für genügend Frischluft gesorgt werden. In Räumen, in denen viel geraucht wird, wo offene Feuer „brennen", wo viele Menschen sich aufhalten, muß deshalb regelmässig gelüftet werden.

Aber, aufgepaßt: Zugluft schadet allen Pflanzen. Beim Lüften müssen Sie deshalb Obacht geben, daß die Pflanzen nicht im Luftstrom stehen. Während der guten Jahreszeit können Sie es sich erlauben, ihre Pflanzen im offenen Fenster stehen zu lassen, falls nicht zugleich eine Tür geöffnet ist. Im Winter jedoch würde der kalte Luftstrom den Pflanzen arg zusetzen.

Wirklich ohne Schaden für die Pflanzen ist die indirekte Belüftung durch die offene Tür zum Flur oder zu einem anderen Zimmer. Diese Methode verhindert Zugluft und bringt während der kalten Jahreszeit leicht angewärmte Luft an die Pflanzen heran.

Bei der Wahl des Standortes sollten Sie beachten, daß undichte Fenster oder Lüftungsschlitze im Fensterrahmen den Pflanzen schaden können. Auch wenn die Zugluft die Pflanze nicht direkt trifft, kann durch die Abkühlung des Topfes ein Absterben erfolgen.

Zigarettenrauch wird von vielen Pflanzen nicht vertragen. Mimosa pudica z.B. reagiert ganz heftig auf den Qualm. Sie läßt sofort die Blätter hängen und erholt sich nur, wenn möglichst schnell gelüftet wird.

Denken Sie deshalb immer an die Luftqualität, wenn Ihre Pflanzen ohne sichtbare Ursache kümmern oder eingehen.

Wasser als Kraftquelle

Pflanzen bestehen zum größten Teil aus Wasser (70-80%). Die krautigen Teile verdanken ihre Festigkeit nur dem Wasserdruck in den Zellen. Nimmt dieser Druck durch Wassermangel ab, so läßt die Pflanze den Kopf hängen. Mit dem Wasser nimmt die Pflanze ebenfalls die benötigten Nährstoffe aus dem Boden auf. Diese werden aus der Wurzel durch sehr feine Leitungen zu den oberirdischen Pflanzenteilen getragen.

Pflanzen können Wasser auch durch die Blätter und Stengel aufnehmen. Viele unter ihnen haben sich jedoch ihrem natürlichen Standort angepaßt und diese Fähigkeit durch einen wachsartigen Belag auf den Blätter verloren. Die Pflanzen schützen sich auf diese Weise gegen eine zu starke Ausdunstung. Dies ist bei allen Arten der Fall, deren Heimat die Trockengebiete der Erde sind.

Das von den Wurzeln aufgenommene Wasser wird zum Teil wieder durch die Blätter verdunstet. In vielen Fällen geschieht dies durch die Zellwände. Pflanzen, die sich durch einen wasserundurchlässigen Belag geschützt haben, verdunsten das Wasser durch feine Spaltöffnungen, die an der Unterseite der Blätter liegen. Diese Öffnungen können von der Pflanze weit geöffnet und fast ganz geschlossen werden. So kann die Pflanze ihre Verdunstung selber regeln. Allerdings können dies nur die Sukkulenten, da sie die Fähigkeit haben, ihre Verdunstung ganz einzustellen, die Spaltöffnungen dicht zu schließen.

Das Gesetz der Osmose bestimmt die Wasseraufnahme der Pflanzen. Die Salzlösung des Zellsaftes zieht Wasser an und gibt es durch die Zellwand an die nächste Zelle weiter. Die Poren dieser Zellwände sind so fein, daß sie die Salzmoleküle nicht durchlassen, wohl aber die etwas kleineren Wassermoleküle. So bleibt der Salzgehalt der Zellsubstanz gleich und der Wasserhaushalt wird dauernd gesichert, solange die Wurzeln genügend Feuchtigkeit im Boden vorfinden. Befindet sich die Wurzel jedoch in einer Wasserlösung, deren Salzgehalt höher ist als der der Zellsubstanz, so findet die Osmose in umgekehrter Richtung statt. In diesem Fall entzieht die Salzlösung des Bodens der Pflanze ihr Wasser und bringt sie zum Welken. Eine zu hohe Salzkonzentration des Bodens kann durch zu starke Düngegaben hervorgerufen werden. Sehr oft ist dies der Grund, weshalb gesunde Pflanzen plötzlich eingehen, ohne daß Sie die Ursache direkt erkennen können. Es ist deshalb wichtig, mit äußerster Vorsicht zu düngen, da den Topfpflanzen nur eine geringe Menge Erde zur Verfügung steht.

Die meisten Pflanzen lieben kalkhaltige Erde nicht. Sie fühlen sich am wohlsten bei einem ph-Wert von 6,5 (neutrale Bodenreaktion). Leitungswasser, besonders das aus Quellen gewonnene, enthält jedoch meistens sehr viel Kalk. Den Kalkgehalt des Wassers kann man bei den Gemeinden oder bei den Wassersyndikaten nachfragen. Er wird in Härtegraden ausgedrückt (DH). 1 Härtegrad entspricht einem Gehalt von 10 mg Kalziumoxyd je Liter Wasser. Pflanzen, die in einer auf Torfbasis hergestellten Erde gehalten werden, können regelmässig mit Wasser bis zu 10 DH begossen werden, ohne Schaden zu nehmen. Moorbeetpflanzen wie z.B. Azaleen vertragen aber nur Wasser bis zu maximal 3 DH. Es lohnt sich deshalb, Regenwasser aufzufangen und die Zimmerpflanzen damit zu gießen. Wo dies nicht möglich ist, muß das Wasser enthärtet werden. Im Handel sind Produkte erhältlich, die den Kalk aus dem Wasser binden, so daß er sich auf dem Grunde der Gefässe absetzt. Man gießt dann das so entkalkte Wasser vorsichtig in die Gießkanne, ohne daß der Satz mitumgeschüttet wird. Entkalker, wie sie zum Entkalken des Wassers im Haushalt (Bügeleisen) gebraucht werden, eignen sich nicht für Gießwasser.

Ein sehr guter Wasserenthärter ist der Torf. 1 Gramm Torf drückt den Kalkgehalt eines Liter Wassers um einen Härtegrad herab. Wenn Sie den Härtegrad des Wassers kennen, so läßt sich die benötigte Torfmenge genau berechnen. Sie schütten dann diese Menge in das Wasser und lassen das Ganze eine Nacht stehen. Der Torf wird nachher wieder ausgesiebt und übrig bleibt ein kalkfreies Wasser.

Gesundes Sprießen durch richtiges Gießen

Der Wasserbedarf Ihrer Pflanzen ist sehr verschieden. Er hängt ab von der Art, von der Jahreszeit, von der Temperatur und von der Luftfeuchtigkeit. Es ist deshalb sehr schwierig genaue Angaben über die Wassergaben zu machen. Jeder Pflanzenfreund muß für seine Pflanzen die richtige Menge ermitteln. Während der Wachstumszeit ist der Wasserbedarf natürlich größer als während der Ruhezeit. In Zimmern mit trockener, warmer Luft ist er höher als in einem Raum mit kühler und feuchter Luft. In der Folge werde ich bei jeder Pflanze angeben, ob sie viel oder wenig begossen werden muß. Aber auch diese Angaben müssen den speziellen Bedürfnissen eines jeden Standortes angepaßt werden. Erfahrungsgemäß werden mehr Pflanzen krank, weil sie zu viel gegossen werden, als solche, die Schaden nehmen durch zu spärliche Wassergaben.

Da die Wasseraufnahme durch die Wurzeln nur mit Hilfe von Sauerstoff aus der Luft möglich ist, darf keine normale Pflanze dauernd bis zum Wurzelhals im Wasser stehen. Naße Füße tun jeder Pflanze weh. Um ein kräftiges Durchtränken der Erde mit Wasser zu erreichen, dürfen Sie den Topf jedoch ruhig ab und zu bis zum Rand in Wasser eintauchen, wenn nach diesem Bad das überflüßige Wasser durch das Drainageloch im Topfboden wieder ablaufen kann. Wird eine Pflanze in den Unterteller gegossen, so muß das nach einer Stunde nicht aufgesaugte Wasser wieder abgeschüttet werden.

Darf eine Pflanze keine „nassen Füße" haben, so darf der Ballen aber auch niemals ganz trocken sein. Trockene Erde nimmt Wasser nur sehr schwer an. Beim gießen läuft das Wasser seitlich an der Topfwand ab und tritt durch das Loch im Boden wieder aus. Im Wurzelbereich bleibt die Pflanze also trocken. Trotz regelmässigem Gießen welkt eine solche Pflanze und geht ein.

Ist deshalb einmal der Ballen ausgetrocknet, so muß der Topf bis zum Rand in Wasser getaucht werden. Er muß solange dort bleiben, bis keine Luftbläschen mehr aufsteigen. Erst dann hat die Erde sich wieder mit Wasser voll gesogen. Nachher kann dann wieder normal gegossen werden.

Pflanzen die sehr viel Wasser brauchen (die Azaleen z.B.), müssen wöchentlich einmal ein solches Bad nehmen. Erst dann fühlen sie sich wohl. Andere wiederum (wie das Zyperngras) müssen ständig Wasser im Unterteller haben. Ist dies bei einer Pflanze der Fall, so werde ich es bei der späteren Beschreibung jedesmal hervorheben.

Ihr Gießwasser soll, wie schon oben gesagt, nicht kalkhaltig sein. Daneben müssen Sie vermeiden, Ihre Pflanzen mit kaltem Wasser zu gießen. Am besten ist Wasser, das die Temperatur des Zimmers hat, in dem die Pflanzen stehen. Auch zu heißes Wasser kann den Pflanzen schaden. Am besten, Sie lassen das Gießwasser während einer Nacht im Zimmer stehen, dann nimmt es die Temperatur an und Sie können keinen Schaden mehr anrichten. Außerdem ist während dieser Zeit der Chlorgehalt des Wassers durch die Luft entwichen, was bei sehr vielen Pflanzen von sehr großer Wichtigkeit ist.

Luftfeuchtigkeit schafft Atmosphäre

Mit Ausnahme der Wüstenpflanzen benötigen die Zimmerpflanzen eine höhere Luftfeuchtigkeit, als sie in unsern geheizten Zimmern herrscht. Normalerweise kommen Pflanzen mit ungefähr 70% Feuchtigkeit aus. Nur solche, die aus den tropischen Regenwäldern stammen, benötigen 90%. Praktisch sind im Zimmer solche Werte nicht zu erreichen, selbst wenn man elektrische Luftbefeuchter einsetzt. Der Mensch würde sich in einer solchen, mit Feuchtigkeit gesättigten Luft nicht wohlfühlen. Denken Sie nur an die oftmals im Sommer auftretende Schwüle, die uns allen zu schaffen macht.

Wir müssen deshalb zu andern Mitteln greifen, um den Pflanzen eine Atmosphäre zu schaffen, die ihren Bedürfnissen gerecht wird.

Das Blumenfenster

Blumenfenster sind die idealen Standorte für alle Pflanzen der tropischen Regenwälder. Sie finden dort die feuchtwarme Atmosphäre ihrer Heimat vor. Das Blumenfenster besteht im Prinzip aus einem nach außen vorspringenden Erker, der auf drei Seiten verglast ist. Zum Zimmer hin ist er mit einer vierten Glaswand abgetrennt, die nach innen geöffnet werden kann. Der Grund des Blumenfensters besteht aus einer wasserdichten Pflanzenschale, mit einem Abfluß nach außen. In diese Schale werden die Pflanzen mit den Töpfen eingestellt. Um eine gleichmässige, den Pflanzen angepaßte Temperatur zu erreichen, soll noch eine thermostatgesteuerte, elektrische Heizung eingebaut werden. Die Belüftung erfolgt durch Luftschächte, die sich öffnen und schließen lassen. Gegen die pralle Sonne müssen die äußeren Fenster mit einer Vorrichtung zur Beschattung versehen sein. Nur bei Fenstern, die nach Westen oder Norden gerichtet sind, braucht eine solche Anlage nicht vorgesehen zu werden. Das Blumenfenster ist ein richtiges kleines Gewächshaus, in dem alle Pflanzen gezogen werden können, sogar die sehr empfindlichen Orchideen.

Die Wasserschalenmethode

Natürlich hat nicht jeder die Möglichkeit, sich ein Blumenfenster einzubauen. Damit Ihre Pflanzen trotzdem die nötige Luftfeuchtigkeit vorfinden, können Sie die Wasserschalenmethode anwenden. In eine Schale wird ein Teller mit dem Boden nach oben gelegt. Auf diesen Teller stellt man den Blumentopf. Nun wird die Schale mit dem Wasser gefüllt, aber nur so hoch, daß der Wasserspiegel den Topf nicht erreicht. Das in der Schale enthaltene Wasser verdunstet und erhöht die Luftfeuchtigkeit der direkten Umgebung der Pflanze auf den benötigten Sättigungsgrad. Die Schale muß deshalb so groß sein, daß der Wasserdampf, der senkrecht aufsteigt, auch die äußeren Blätter der Pflanze erreicht.

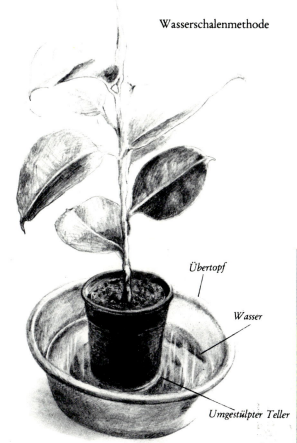

Wasserschalenmethode

Übertopf
Wasser
Umgestülpter Teller

Das Sprühen der Blätter

Die direkte Methode, den Pflanzen die nötige Luftfeuchtigkeit zu beschaffen, ist das Besprühen der Blätter mit der Blumenspritze. Sie darf nicht bei Pflanzen angewandt werden, deren Blätter behaart sind oder deren Vegetationspunkt auf Wasser empfindlich ist. Für diese Art von Befeuchtung dürfen Sie nur temperiertes Regenwasser oder lauwarmes, enthärtetes Wasser verwenden. Kaltes Wasser würde einen Kälteschock hervorrufen und zu Blattflecken führen. Kalkhaltiges Wasser führt zwar zu ungefährlichen, aber unschönen, weißen Blatträndern. In der prallen Sonne dürfen Sie nicht gesprüht werden, denn die Tropfen wirken als Brennglas und rufen Blattflecken hervor. Offene Blüten vertragen das Sprühen nicht. Blühende Pflanzen müssen Sie mit der Wasserschalenmethode befeuchten. Ist während der Nacht ein starker Rückgang der Temperatur zu erwarten, z.B. durch Absinken der Heizung, so darf nicht gesprüht werden. Die Verdunstung des Wassers könnte zu einem Kälteschock führen. Außerdem bildet das Wasser, das nicht schnell verdunstet, auf den Blättern einen idealen Nährboden für Pilze.

Auf dem Boden der Gesundheit

Neben dem Wasser entnimmt die Pflanze seine Nährstoffe auch dem Boden. Diese werden von den Bodenbakterien in eine von der Pflanze verwertbare Form gebracht. Bodenbakterien leben vom Abfall der Pflanzen, den man organische Substanz nennt. Aus diesem Abfall bildet sich der Humus, der die Nährstoffe und das Wasser speichert und an die Wurzeln der Pflanzen abgibt. Lange Zeit war man der Meinung, die Pflanzen würden alle zu ihrem Aufbau benötigten Stoffe aus dem Humus beziehen. Wir haben aber schon in einem vorherigen Kapitel gesehen, daß der Kohlenstoff, der einen großen Anteil an der Zusammensetzung der organischen Substanz hat, der Luft entnommen wird.

Trotzdem kommt der Erde als Nährstoffspeicher, als Stoffwechselfaktor im Leben der Pflanze eine große Bedeutung zu. Es lohnt sich deshalb, diese Erde ein wenig zu betrachten, damit sie als Zimmergärtner Ihren Pflanzen die bestmöglichste Mischung zur Verfügung stellen können.

Ein wichtiger Faktor ist die **Bodenreaktion.** Erde kann sauer sein oder basisch reagieren. Die Palette der Reaktion reicht von der extrem sauren Moorerde bis zur extrem basischen Gipserde. Beide extreme Böden eignen sich nur sehr selten zur Zimmerkultur. Um den Säuregehalt oder die basische Reaktion zu definieren, wurde eine Messeinheit geschaffen, der ph-Wert. Die Messkala reicht von 0-14. Verdünnte Salzsäure hat einen ph-Wert von 1, während eine Seifenlauge einen ph-Wert von 9-10 hat.

Regenwasser hat einen ph-Wert von 7. Diese Zahl gibt eine neutrale Reaktion an, das Wasser ist weder sauer noch alkalisch.

Die Bodensäure rührt meistens von Huminsäuren her, die bei dem Zerfall der organischen Substanzen entstehen, also bei der Humusbildung. Pflanzen lieben fast alle einen leicht sauren Boden, dessen ph-Wert zwischen 6 und 7 liegt. Moorbeetpflanzen jedoch brauchen eine saure Erde mit ph-Werten, die zwischen 4 und 4,5 liegen.

Nur ganz wenige Pflanzen gedeihen in einem Boden mit einem ph-Wert über 7,5.

Der ph-Wert einer Erde läßt sich leicht durch eine Bodenanalyse feststellen. Die landwirtschaftlichen Institute können mit teuren Meßinstrumenten die Reaktion genau bis auf Werte mit 2 Stellen hinter dem Komma feststellen. Für Sie zuhause genügen jedoch annähernde Werte wie 5-5, 5-6 usw. Diese Werte lassen sich mit billigen Pehametern messen, die Sie in jedem Fachgeschäft vorfinden. Meist sind es Papierstreifen, welche je nach Säuregehalt die Farbe wechseln. An einer der Packung beigelegten Farbskala können Sie durch Vergleich den gesuchten Wert feststellen.

Zu kleine ph-Werte können Sie durch Kalkgaben korrigieren, während zu große Werte durch Beimischen von Torf oder Kompost berichtigt werden.

Da Ihren Zimmerpflanzen nur wenig Erde zur Verfügung steht, kann kalkhaltiges Gießwasser dazu führen, daß das Substrat eine alkalische Reaktion erhält. Mancher Pflanzenfreund wundert sich in solchen Fällen, daß seine Lieblinge trotz guter Pflege nicht gedeihen oder sogar eingehen.

Neben der Bodenreaktion ist auch die **Struktur der Pflanzenerde** von großer Bedeutung für das Gedeihen Ihrer Zimmerpflanzen.

Alle Substrate sind aus zwei verschiedenen Erdarten zusammengesetzt. Der mineralische Teil besteht aus Abfall, der sich in Jahrmillionen durch Verwitterung aus dem Urgestein gebildet hat. Je nach der Größe der einzelnen Körner spricht man von Sand oder Tonboden. Sandböden haben eine Korngröße zwischen 0,05 und 2 mm (Grobsand) oder 0,01-0,05 mm (Feinsand). Ist die Korngröße unter 0,01 mm so spricht man von Lehmböden oder bei Korngrößen unter 0,005 mm von Tonböden.

Sandböden erwärmen sich leicht, speichern aber nur sehr wenig Nährstoffe und trocknen schnell aus. Lehmböden sind kalt und bieten den Wurzeln sehr viel Widerstand. Sie sind nicht luftdurchlässig, speichern aber viele Nährstoffe, die sie jedoch schwer wieder abgeben.

Der zweite Teil einer Erdmischung besteht aus Humus. Er ist entstanden aus dem Abfall von organischer Substanz, also durch Pflanzen- und Tierreste. Humus ist porös, luftdurchlässig und warm. Im Humus leben Millionen von Bakterien, Algen, Hefen und anderen Pilzen. Diese Lebewesen zersetzen den Humus und bilden Abfallstoffe, die die Pflanze als Nährstoffe braucht: Stickstoff, Kali, Phosphor. Die Spurenelemente Eisen, Magnesium, Bor, Mangan u.a. sind teilweise im mineralischen, teilweise im organischen Teil der Erdmischung enthalten.

Früher hatten die Zimmergärtner große Schwierigkeiten, um für jede Pflanze die richtige Erdmischung herzustellen. Je nach Herkunft der Pflanzen mußte ein bestimmter Tonanteil oder ein genau festgelegter Sandanteil der normalen Gartenerde beigefügt werden. Humus wurde der Mischung durch Komposterde zugefügt. In den letzten Jahren ist dieses Problem jedoch durch die sogenannte **Einheitserde** gelöst worden. Einheitserde ist ein Substrat, in dem die weitaus größte Zahl der Zimmerpflanzen sich wohlfühlen. In einer solchen Erde können Sie alle Pflanzen zufriedenstellend pflegen. Voraussetzung ist natürlich eine ausgeglichene Düngung und richtiges Gießen. Einheitserde sollten Sie nur mit Regenwasser oder abgestandenem Wasser begießen, damit der ph-Wert des Substrates nicht verändert wird.

Einheitserde besteht zum größten Teil aus Torf, der mit Komposterde, Ton, Sand und Düngemittel vermischt wird. Der ph-Wert liegt um 6,5. Falls Sie sich selbst Einheitserde herstellen wollen, so wenden Sie folgende Mischung an — sie ist für den größten Teil Ihrer Pflanzen zuträglich: 3/6 Torf, 1/6 feiner Schwemmsand, 1/6 normale Gartenerde, 1/6 stark verrotteter Kompost. Diese Bestandteile werden gut durchgemischt und mit einer Handvoll organischem Volldünger pro 10 Liter Erde gedüngt.

Verschiedene Pflanzen brauchen jedoch Spezialerde. In der Pflegeanleitung der einzelnen Arten werde ich stets darauf hinweisen, wenn eine solche Spezialmischung erforderlich ist. An dieser Stelle möchte ich jedoch die hauptsächlichsten Spezialmischungen kurz beschreiben.

Heideerde
Sie besteht aus Abfall von Heidekraut, enthält einen großen Anteil an feinem Sand und ist in der Reaktion sauer. Heideerde wird aus kompostierter Heide, Torf und Sand hergestellt.

Moorerde
Sie ist der Heideerde sehr ähnlich, entsteht in den Hochmooren und besteht aus Abfall vom Sumpfmoos (Sphagnum). Torf ist unter Ausschluß von Luft zersetztes Sphagnum, also eine Vorstufe von Moorerde (ph = 4-4,5). Aus kompostiertem Torf, vermischt mit Lehm kann man leicht eine solche Erde herstellen.

Mistbeeterde
besteht aus verrottetem Mist, gemischt mit Gartenerde. Sie ist sehr nährstoffreich und eignet sich vorzüglich für Balkonpflanzen.

Rasenerde
wird aus abgestochenen Rasensoden hergestellt. Die Soden werden zu Haufen aufgeschichtet und zwar so, daß jedesmal Rasen auf Rasen zu liegen kommt. Diese Erde ist sehr schwer und wird nur selten in reiner Form gebraucht.

Lauberde
wird aus kompostiertem Laub, gemischt mit Gartenerde und Sand, gewonnen. Sie ist leicht und reich an Humus. Je nach Anteil des Laubkompostes schwankt der ph-Wert zwischen 5 und 6,5. Lauberde eignet sich sehr für viele Zimmerpflanzen, deren Heimat die tropischen Regenwälder sind.

Umtopfen schafft Lebensraum

In der freien Natur stehen den Pflanzen unbegrenzte Flächen für die Ausbreitung ihrer Wurzeln zur Verfügung. Zu dicht stehende Pflanzen helfen sich dadurch, daß die Stärkeren die Schwächeren verdrängen. So erhält jede Pflanze den von ihr benötigten Lebensraum. Anders ist es mit den Zimmerpflanzen. Ihnen steht nur ein 10 bis 15 cm breiter und 20 cm tiefer Blumentopf zur Verfügung. Kein Wunder, daß nach ein paar Jahren die Wurzeln keine Ausbreitungsmöglichkeit mehr finden. Sie stoßen überall auf die Wände des Topfes. Da das oberirdische Wachstum bei allen Pflanzen Funktion des Wurzelwachstums ist, bleibt eine Pflanze, die ihr Wurzelwachstum eingestellt hat oder die durch Platzmangel dieses Wachstum einstellen muß, klein und wird krankheitsanfällig, ja sie kann sogar eingehen. Es ist deshalb von

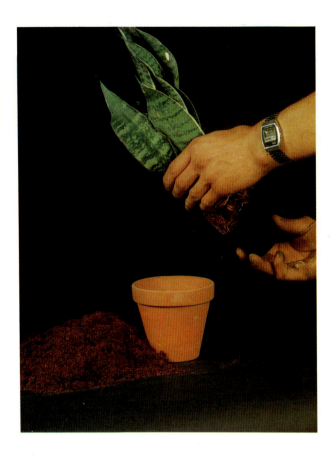

größter Bedeutung, daß Sie ihre Zimmerpflanzen regelmässig umtopfen, ihnen frische Erde geben und größere Töpfe zur Verfügung stellen.

Das Umtopfen ist jedoch ein sehr großer Eingriff in den Lebensablauf Ihrer Pflanzen.
Beachten Sie deshalb stets folgende Vorsichtsmaßnahmen:
Die beste Zeit zum Umtopfen ist der Beginn der Wachstumsperiode kurz nachdem die Pflanze ihre Ruheperiode abgeschlossen hat. Die Wachtumswilligkeit der Pflanze ist zu diesem Zeitpunkt sehr groß und es besteht wenig Gefahr, daß die Pflanzen den Eingriff nicht überstehen.

Nicht alle Pflanzen müssen jedes Jahr umgetopft werden. Die Pflanzen zeigen uns selbst, wann der Zeitpunkt zum Umpflanzen gekommen ist. Bei vielen Arten quellen die Wurzeln nach oben heraus (Clivia). Jedes Jahr vor Beginn der Wachstumsperiode nehmen Sie den Wurzelballen aus dem Topf heraus. Zeigt sich eine sehr dichte Bewurzelung am Topfrand, so ist der Zeitpunkt zum Umpflanzen gekommen. Ist die Bewurzelung jedoch nur spärlich zu erkennen, so ist der alte Topf noch groß genug und ein Umpflanzen erübrigt sich.

Die Kontrolle des Wurzelballens ist sehr einfach. Nehmen Sie den Stamm der Pflanze zwischen die Finger oder (bei starken Stämmen) in die rechte Hand. Mit der linken schlagen Sie kräftig auf den Blumentopf. So löst sich der Ballen vom Topfrand und kann leicht ausgehoben werden.

Zeigt sich bei dieser Kontrolle, daß ein Umtopfen notwendig ist, so lockern Sie die alte Erde vorsichtig mit einem Holzstäbchen und schütteln sie ab. Angefaulte oder verletzte Wurzeln werden abgeschnitten. Wenn es sich um dicke Wurzeln handelt müssen Sie aufpassen, daß die Schnittfläche nach unten zeigt. Nur so heilt die Wunde schnell, ohne daß Pilze und Fäulnisbakterien eindringen können.

Die so behandelte Pflanze pflanzen Sie nun wieder in einen Topf, der eine Nummer größer als der alte Topf sein soll. Topfnummern werden nach dem Durchmesser am oberen Topfrand benannt. Alle 2 Zentimeter bedeuten eine Topfnummer z.B. 10, 12, 14, 16 usw.

Legen Sie über das Drainageloch eine Scherbe, damit das Wasser freien Abzug hat. Pflanzen, die besonders gut drainiert werden müssen, erhalten als Topfgrund eine Schicht aus grobem Kies oder besser noch aus Blähton (siehe Kapitel Hydrokultur). Nun wird Einheitserde oder eine Spezialmischung eingefüllt und zwar so hoch, daß Sie den Wurzelgrund ohne die Spitzen zu verbiegen einpflanzen können und der Wurzelhals der Pflanze ungefähr 2 cm unter dem Topfrand zu liegen kommt. Gegebenenfalls müssen längere Wurzeln eingekürzt werden. Unter ständigem leichten Auf- und Abbewegen der Pflanze füllen Sie jetzt den Rest Erde und drücken ihn an den Seiten kräftig an. Oben soll ein Gießrand von 2 cm bleiben. Nach dem Umtopfen gießen Sie die Pflanze gut an, dürfen sie aber während wenigstens 6 Wochen nicht düngen. Erst nach dieser Eingewöhnungszeit sollten Sie die Pflanze wieder normal pflegen.

Frisch gedüngt ist halb gewonnen

Außer Kohlenstoff, der aus der Luft aufgenommen wird, braucht die Pflanze andere Nährstoffe, die sie mit dem Wasser durch die Wurzeln aufnimmt. Verschiedene dieser Substanzen werden in größeren Mengen benötigt wie z.B. Stickstoff (N), Phosphor (P), Kalium (K), Kalzium (Ca), sowie Magnesium (Mg). Andere wiederum werden in kaum meßbaren Mengen benötigt und sind trotzdem für das Leben und Gedeihen der Pflanzen von äußerster Wichtigkeit. Es sind dies die Spurenelemente wie Eisen (Fe), Kupfer (Cu), Bor (B), Zink (Zn) u.a. Im Feldbau oder im Gartenbau führt ihr Fehlen zu Mangelerscheinungen, die schwerwiegende Folgen für die Ernte haben können. In der Zimmergärtnerei spielen diese Spurenelemente allerdings eine nebensächliche Rolle, da sie in der Pflanzenerde und in den Düngemitteln, quasi als Verunreinigung, in genügenden Mengen vorhanden sind.

Der Umgang mit Düngemitteln ist eines der schwierigsten Kapitel in der Zimmergärtnerei. Es gibt kein Universalrezept, das für alle Pflanzen gültig ist. Hinzu kommt, wie wir ja wissen, daß den Zimmerpflanzen nur ein sehr begrenzter Erdraum zur Verfügung steht. Dieser beschränkte Raum in dem die Zimmerpflanze ihre Nährstoffe aufnehmen muß, muß stets die Nährstoffe in genügender Menge zur Verfügung haben, ohne aber eine zu starke Salzkonzentration aufzuweisen, denn diese würde die Wasseraufnahme der Wurzeln verhindern.

Jeder einzelne Nährstoff hat in der Entwicklung einer Pflanze eine bestimmte Bedeutung. Durch gezielte Beigaben können Sie, besonders bei den Zimmerpflanzen, verschiedene Wirkungen hervorrufen, die sich als vorteilhaft erweisen. So läßt sich die Blühwilligkeit der Pflanzen durch gezielte Düngung steuern, genau so wie das Wachstum der grünen Teile der Pflanzen, also von Kraut und Blättern. Ich will deshalb versuchen, in kurzen Worten die Wirkung der einzelnen Nährstoffe zu beschreiben, und es Ihnen so ermöglichen, durch bestimmte Beigaben Resultate zu erzielen, die bei regelmäßiger Volldüngung nicht zu erreichen wären.

Der Stickstoff

wird von den weitaus meisten Pflanzen ausschließlich in Form von Salpeter (Nitrat) aufgenommen. Nur verschiedene Nachtschattengewächse können Stickstoff auch in der Form von Ammonium aufnehmen. Liegt der Stickstoff in Form von Ammoniak oder in einer andern Form vor, so muß er zuerst von den Bodenbakterien in Salpeter verwandelt werden, bevor er den Pflanzen zu Gute kommt. Wenn Sie Ihren Pflanzen also sehr schnell Stickstoff zuführen wollen, müssen Sie einen Dünger wählen, dessen Stickstoffanteil zumindestens teilweise in Form von Salpeter (NO_3) vorliegt. Stickstoff wirkt auf das vegetative Wachstum der Pflanzen. Er treibt die Pflanze zur Produktion von Blättern, deren Farbe ein sattes Grün aufweist. Allerdings wirkt eine solche Düngung sich negativ auf die Blütenbildung aus. Blütenpflanzen bedürfen deshalb einer genau abgewogenen Dosis von Stickstoff, wenn die Flor optimal erreicht werden soll. Außerdem sind stickstoffüberdüngte Pflanzen anfälliger für Schädlinge und reagieren schneller auf Pflegefehler.

Phosphor (P)

ist ein Hauptbestandteil der Erbträger (Nukleinsäuren) der Pflanzen. Außerdem spielt er eine wichtige Rolle bei den Verbindungen, die in der Pflanze Energie speichern können, um sie später wieder an die Pflanze abzugeben. Solche Energie wird z.B. bei der Knospenbildung angelegt. Bei Obstbäumen geschieht dies im Monat Juni, während die Blüte erst im folgenden Jahr zum Vorschein kommt. Bei den Zimmerpflanzen wird diese Energie oft während der Ruheperiode angelegt. Pflanzen, deren Ruheperiode nicht eingehalten wird, bringen deshalb selten Blüten hervor. Phosphor wird in der Form von Phosphat von den Pflanzen aufgenommen.

Phosphordüngemittel gibt es in wasserlöslicher (z.B. Superphosphat) oder in zitruslöslicher Form (z.B. Thomasmehl). Bei letzterem muß das Phosphat erst durch Zitronensäure, die von der Wurzel ausgeschieden wird, aufbereitet werden. Die Wirkung des Phosphors bei der Blütenbildung und bei der Festigung der Gewebe wird unterstützt durch einen weiteren Pflanzennährstoff: dem Kalium.

Das Kalium
Kalium ist ein Metall, das eine wichtige Rolle im Leben der Pflanzen spielt. Es wird in der Form von positiv geladenen Salzen (Kationen) von der Pflanze aufgenommen und dient vor allem zum Aufbau eines festen Gewebes sowie zur Entwicklung von kräftigen Früchten. Außerdem kann das Kaliumsalz die Gefahr des Erfrierens bei Temperaturen um 0 bis minus 3 Grad herabsetzen.

Kalzium, Magnesium, Eisen und die Spurenelemente werden in kleineren Mengen von den Pflanzen benötigt. Sie dienen zum Aufbau verschiedener Enzyme, die für den Stoffwechsel der Pflanze sowie zur Bildung von Blattgrün wichtig sind. Deshalb zeigt sich das Fehlen dieser Elemente sehr oft durch ein Verfärben der Blätter, die sogenannten Chlorosen.

Wie dünge ich richtig?

Sie wissen inzwischen, daß der Erfolg oder Mißerfolg, den Sie mit Ihren Zimmerpflanzen haben, vorwiegend von der Wasserversorgung und der Düngung abhängt. Für die meisten Pflanzenfreunde kommt es nicht in Frage, die oben aufgeführten Nährsalze einzeln in bestimmten Gaben zu verabreichen. Sie vertrauen lieber den handelsüblichen Volldüngern, deren Zusammensetzung auf die Zimmerpflanzen abgestimmt ist. Solche Volldünger können Sie in flüssiger und in körniger Form oder als Düngestäbchen kaufen. Diese Volldünger werden in regelmässigen Abständen zu den Pflanzen gegeben.

Im Handel finden Sie die Dünger sowohl als anorganische Salze als auch als organische Düngestoffe. Die anorganischen Dünger können Sie bei Hydrokultur und bei Erdkultur verwenden. Organische Dünger müssen von den Bodenbakterien erst für die Pflanzen aufbereitet werden und lassen sich deshalb nur für Erdkultur benützen. Der Vorteil der organischen Düngung liegt auf der Hand: die Nährstoffe werden langsam aufbereitet und stehen den Pflanzen während langer Zeit zur Verfügung. Eine Überdüngung der Pflanzen ist also fast unmöglich. Das gleiche gilt für Düngestäbchen. Sie geben ihre Nährstoffe ganz langsam an die Wurzeln ab und dies mit Hilfe der Bodenfeuchtigkeit.

Flüssige Düngemittel sind am einfachsten zu handhaben, bergen aber auch die meisten Gefahren bei unsachgemässer Anwendung. Ihre Nährstoffe sind schon in gelöster Form im Konzentrat erhalten und werden mit dem Gießwasser ausgebracht. Sie stehen den Pflanzen sofort zur Verfügung, werden aber auch schnell wieder ausgewaschen. Deshalb müssen sie während der Wachstumsperiode dem Gießwasser in regelmässigen Abständen beigemischt werden.

Merken Sie sich folgende Faustregel: Jede 3. Woche dem Gießwasser 3 gr pro Liter eines guten, flüssigen Volldüngers zumischen.
Nährkonzentrate in kristalliner Form werden wie Flüssigdünger behandelt und dem Gießwasser zugesetzt. Durch Umrühren lösen sie sich auf und sind dann gleichmässig im Wasser verteilt. In allen Fällen darf die Konzentration der Düngesalze im Gießwasser nicht überschritten werden, dies um eine zu hohe Salzkonzentration in der Pflanzenerde zu vermeiden. Ich erinnere daran, daß eine zu hohe Salzkonzentration zu Schäden an den Zimmerpflanzen führen würde. (Siehe Kapitel Wasser)

Neuerdings wurden auch die Erkenntnisse der Hydrokultur in bezug auf Ionenaustauscher der Erdkultur zugänglich gemacht. So wurde ein Langzeitdünger entwickelt, der in Form von Plättchen unter den Topf in den Unterteller gelegt wird. Durch eine komplizierte chemische Reaktion werden die in Kunstharz eingebetteten Nährstoffe freigesetzt und den Pflanzen zugeführt. Eine Überdüngung ist nicht möglich. Näheres über die Ionenaustauscher finden Sie im Kapitel Hydrokultur.

Dünger wird den Pflanzen nur in der Wachstumsperiode verabreicht. Diese liegt bei weitaus den meisten Pflanzen in den Frühlings- und Sommermonaten. Nach August sollen Sie mit dem Düngen aufhören, ab September verringern Sie auch das Gießen und stellen es bei manchen Pflanzen sogar ganz ein. Auf diese Eigenarten der Pflanzen werde ich in der Beschreibung der einzelnen Arten hinweisen.

Kranke Pflanzen, die Sie wieder aufpäppeln müssen und sich im Schwitzkasten befinden, werden nicht gedüngt. Das Gleiche gilt für die ersten 6 Wochen nach der Umpflanzung.

Machen Sie sich kein Topfzerbrechen

Ich werde oft gefragt, ob man die sehr verbreiteten Plastiktöpfe für die Zimmerpflanzenkultur verwenden könne oder ob man in solchen Töpfen gekaufte Planzen umtopfen soll in die guten, alten Tongefässe. Die immer größer werdende Verbreitung von Kunststoffen in allen Bereichen der Technik, der Kleidung und der Wohnkultur hat offenbar eine Reaktion hervorgerufen, die eigentlich auf einer inneren Ablehnung alles Künstlichen beruht. In Wirklichkeit sind die Kunststoffe nicht von vornherein abzulehnen. Sie haben Vor- und Nachteile, genau wie die aus natürlichen Grundstoffen gebrannten Gefäße aus Ton und Lehm.

Tongefäße
sind porös und lassen einen Luftaustausch durch die Wände zu den Wurzeln zu. Durch Gießen mit hartem Wasser setzen sich diese Poren jedoch leicht mit Kalk zu, sodaß die Wände der Tongefäße genau so undurchlässig werden wie Plastiktöpfe. Als großer Nachteil der Tontöpfe muß man (besonders bei älteren Töpfen) die Speicherung von Pilzkrankheiten in den Poren der Wände ansehen. Gebrauchte Tontöpfe sollen deshalb immer desinfiziert werden, bevor sie wiederverwendet werden. Man kann dies durch Auskochen in Wasser oder durch Behandeln mit pilztötenden Mitteln erreichen. Von letzterer

Methode würde ich jedoch abraten, da solche Mittel sich negativ auf die Pilz- und Bakterienflora der Blumenerde auswirken können.

Plastikgefäße

sind leicht zu reinigen. Krankheiten setzen sich in solchen Gefäßen nicht fest. Dagegen ist der Luftaustausch durch die Wände nicht möglich, wir müssen also für eine gute Drainage und Belüftung von unten sorgen. Zu diesem Zweck befinden sich am Boden dieser Töpfe schon 3 bis 4 Löcher. Wenn wir nun den Grund dieser Töfe 2 bis 3 cm hoch mit Blähton füllen, so ist eine optimale Entwässerng und Belüftung gegeben. Die Pflanzen wachsen in solchen Töpfen genau so gut wie in den herkömmlichen Tontöpfen. Mit dem Gießen sollten wir ein wenig vorsichtiger sein, da Plastiktöpfe nicht so schnell austrocknen. Die Gefahr des „Vergießens" ist bei solchen Töpfen viel größer als bei den irdenen Behältern. Dies ist auch die Erklärung, warum sich Einheitserde in Plastiktöpfen leichter mit Schimmelpilzen überzieht.

Übertöpfe

Um die meist unschönen roten Tontöpfe oder die schwarzen oder grauen Plastiktöpfe zu verdecken, werden die Zimmerpflanzen oft in Keramik- oder Metallübertöpfe gestellt. Gegen diese Praxis ist nichts einzuwenden, wenn der Übertopf wenigestens 4 cm größer im Durchmesser ist als der Blumentopf. Dies ist sehr wichtig, da sonst die Luftzirkulation zwischen Topf und Übertopf behindert wird und die Belüftung der Wurzeln unterbleibt. Damit die Luft freien Zutritt zu der Wurzelregion hat soll im Übertopf dafür gesorgt werden, daß ein Hohlraum zwischen Übertopfboden und Pflanzentopfboden bleibt.

Achten Sie stets sorgfältig darauf, daß überflüssiges Wasser, das im Übertopf steht, nach kurzer Zeit abgeschüttet wird, dies wiederum um ein Ersticken und Verfaulen der Pflanzenwurzeln zu verhindern. Als Übertöpfe eignen sich am besten Gefäße aus Keramik. Bei Metallbehältern besteht die Gefahr, daß Metalloxyde in die Pflanzenerde gelangen und Schädigungen an den Pflanzen hervorrufen. Bei Metallgefäßen ist es deshalb besonders wichtig, daß überschüssiges Wasser sofort aus dem Übertopf geschüttet wird.

Übertöpfe, die aus Weidengeflecht oder aus Plastikgeflecht bestehen sind eigentlich nur eine Verzierung für die Pflanze. Sie lassen Luft und Wasser durch, benötigen einen Unterteller genau wie die einfachen Blumentöpfe. Sie können ohne Bedenken für jede Pflanze in jeder Situation gebraucht werden, ohne daß spezielle Maßnahmen ergriffen werden müssen.

Blumentöpfe mit Wasserreservoir

Seit einigen Jahren finden wir in einschlägigen Geschäften Blumentöpfe, die einen Wasserbehälter enthalten, der genug Flüssigkeit aufnehmen kann um den Wasserbedarf einer Pflanze für 14 Tage bis 3 Wochen zu decken. Die Palette der angebotenen Produkte wird von Jahr zu Jahr größer. Waren es vor 10 Jahren nur ganz wenige Firmen, die solche Töpfe herstellten, so kann man heute verschiedene Systeme in allen Preislagen kaufen.

Das Prinzip dieser Töpfe besteht darin, daß über einen Docht oder über eine kleine Einbuchtung im Boden des Pflanzentopfes, Wasser aus dem unteren Teil des Behälters zu den Wurzeln der Pflanzen gebracht wird. Zwischen Wasseroberfläche und Topfboden, der immer duchlocht ist oder aus fäulnissicherem Gewebe besteht, ist ein Luftkissen, das für die Versorgung der Wurzeln mit Sauerstoff sorgt. Der Dünger wird entweder mit flüssigen Nährstoffen über das Wasser des Reservoirs oder mit Nährstäbchen respektiv puderförmigem Nährstoff von oben in die Erde gebracht.

Die Blumentöpfe mit Wasserreservoir haben ihre Probe bestanden und können bedenkenlos für alle Arten von Pflanzen benutzt werden.

Die Kultur in solchen Töpfen bedarf jedoch einiger kleinen Kniffe, ohne deren Anwendung sehr oft Mißerfolge entstehen.

1. Nach dem Einpflanzen werden die umgetopften Pflanzen während 3 bis 4 Wochen ganz normal von oben begossen. Der Wasserreservoir bleibt leer.

25

2. Zwischen der Pflanzenerde und dem Wasserspiegel muß immer ein mit Luft gefüllter Raum bleiben. Man soll deshalb den Behälter immer nur bis zu 2/3 mit Wasser füllen (Wasserstandanzeiger zwischen 1/2 und voll). Nur in äußersten Fällen soll der Behälter ganz gefüllt werden z.B. wenn man längere Zeit abwesend ist.

3. Wenn der Behälter ganz leer geworden ist, soll man erst nach 4 bis 7 Tagen wieder Wasser einfüllen. So wird der Erde Gelegenheit gegeben ein wenig auszutrocknen, was sich günstig auf die Gesundheit der Pflanzsubstrate auswirkt.

4. Während der Ruhepause einer Pflanze gibt man nur bis zu einem Viertel Wasser in den Behälter. Ist dieses aufgesaugt, so wartet man 8 - 10 Tage, bis man wieder Wasser nachfüllt. Diese Angaben sind natürlich nur Anhaltspunkte. Sie müssen Ihren eigenen Pflanzen Rechnung tragen, denn der Wasserverbrauch schwankt ja je nach Standort, Temperatur, Luftfeuchtigkeit usw. In Töpfen mit Wasserbehältern darf die Erde niemals ganz austrocknen, da sonst die Wasseraufnahme durch die Haarröhrchenkraft definitiv unterbunden wird. Ist dies einmal vorgekommen, so muß die Erde von oben wieder soweit angefeuchtet werden, daß das Wasser erneut von unten angesaugt werden kann.

5. Um eine Veränderung der Bodenreaktion zu vermeiden, soll nur Regenwasser oder abgestandenes, enthärtetes Wasser in die Behälter eingefüllt werden.

Bei Berücksichtigung dieser 5 Punkte ist die Verwendung dieser neuartigen Blumentöpfe eine Garantie für den Erfolg Ihrer Pflanzen- und Blumenkultur. Sogar schwer zu haltende Pflanzen, die eine hohe Luftfeuchtigkeit verlangen, gedeihen besser in solchen Töpfen, da durch den Wasservorrat die Luftfeuchtigkeit in der Umgebung der Pflanzen steigt.

Blumenarrangements in Pflanzenschalen

In Blumenläden sehen Sie oft flache Pflanzenschalen, die mit verschiedenen Pflanzen bestückt sind. Diese Zusammenstellung von Pflanzen gefallen dem Auge, sind aber meistens nicht lange in der angebotenen Form zu halten. Die Schalen haben kein Drainageloch, sodaß die Erde sehr schnell versauert. Beim Gießen bleibt gerne ein Wasserrückstand unten in der Schale und bewirkt Wurzelfäulnis. Es empfiehlt sich deshalb, solche Arrangements nach einigen Wochen auseinanderzunehmen und die einzelnen Pflanzen in separate Töpfe zu pflanzen. Pflanzen mit ungefähr gleichen Pflegeansprüchen können Sie natürlich zusammen in einem Gefäß kultivieren. Vorbedingung ist jedoch, daß die Gefäße drainiert sind und der Boden belüftet wird.

Wir fahren in Urlaub – und unsere Pflanzen?

Diese Frage stellt sich jedes Jahr für Tausende von Blumenfreunden. Ist es möglich, während der guten Jahreszeit Zimmerpflanzen 2 bis 3 Wochen lang ohne Pflege zu lassen?

Die Frage kann eindeutig bejaht werden. Es gibt verschiedene Möglichkeiten die Pflanzen so unterzubringen, daß sie Ihre Abwesenheit ohne Schaden überleben. Das ganze Problem stellt sich ja nur in Punkto Wasserversorgung. Düngen können Sie im Voraus und Licht läßt sich durch offengelassene Rolläden sicherstellen. Damit Wasser in genügender Menge zu Verfügung steht, müssen Sie dafür sorgen, daß:

1. Die Verdunstung soweit wie möglich herabgesetzt wird. Dies kann erreicht werden, indem Sie die Pflanzen in einem kühlen Zimmer z.B. an der Nordseite der Wohnung zusammenstellen. Wo ein solches Zimmer nicht zur Verfügung steht, können die Pflanzen im Keller untergebracht werden. Bedingung ist nur daß genügend Licht zur Verfügung steht.
2. Ausreichend Wasser in Reserve ist, damit die Erde nicht austrocknet. Bei Pflanzen, die in Töpfen mit Wasserreservoir gehalten werden, stellt sich kein Problem. Sie füllen den Reservoir für einmal ganz auf und stellen die Pflanzen kühl. Meistens genügt diese Reserve für 2 bis 3 Wochen, sofern die Pflanzen nicht in direkter Sonnenbestrahlung stehen.

Bei Pflanzen in Normaltöpfen ist die Reserve schon ein wenig schwieriger zu beschaffen. Ich persönlich habe folgende Methode mit großem Erfolg angewandt.

Ein großer Waschbottich wird mit gut durchnäßtem Torf gefüllt. In diesen Torf werden die Pflanzen mit den Töpfen eingesetzt. Der Bottich wird im hellen Keller, im Badezimmer oder in einem Nordzimmer aufgestellt. So versorgte Pflanzen überdauern ohne Schaden eine Abwesenheit von 3 bis 4 Wochen.

Im einschlägigen Handel kann man neuerdings auch Zentral-Wasserversorgungsanlagen für Zimmerpflanzen kaufen. Es handelt sich um Schläuche, an deren Ende eine kleine

Ansaugpumpe sowie ein Tonkegel angebracht ist. Der Tonkegel wird in die Blumenerde gesteckt. Das andere Ende des Schlauches wird in einen mit Wasser gefüllten Bottich gelegt. Mit der kleinen Pumpe wird nun Wasser angesaugt. Sobald der Schlauch komplett gefüllt ist und das Wasser im Tonkegel steht, wird immer wieder Wasser nachgesaugt und durch den porösen Tonkegel an die Erde abgegeben. Stellt man eine große Schüssel mit Wasser in der Mitte eines Zimmers auf, reiht rundherum die Zimmerpflanzen auf und verbindet alle durch eine solche Vorrichtung mit dem Wasser im Bottich, so kann man getrost in Ferien fahren - für die Pflanzen braucht man sich keine Sorgen zu machen.

Sind Sie aufgeklärt? oder: Das Vermehren der Zimmerpflanzen

Bei Pflanzenvermehrung unterscheidet man zwei Arten - die geschlechtliche Vermehrung durch Samen und die ungeschlechtliche oder vegetative mit Hilfe von Pflanzenteilen.

Die geschlechtliche Vermehrung

wird bei Zimmerpflanzen nur sehr selten angewendet. Samen entstehen durch Befruchtung einer weiblichen Zelle mit männlichen Pollen. Die Erbanlagen einer solchen Verbindung sind in den seltensten Fällen gleich, so daß man sehr selten aus Samen erbgleiche Pflanzen erhält. Dies ist nur möglich durch langfristige Inzucht und durch gezielte Kreuzungen von Inzuchtstämmen. Solche Züchtungen sind deshalb in der Regel den Samenzuchtbetrieben vorbehalten. Ein Amateur-Zimmergärtner kann nur in sehr wenigen Fällen auf Samenanzucht zurückgreifen, es sei denn, er liebt das Experimentieren und ist von Rückschlägen nicht enttäuscht. In der Kulturanleitung der einzelnen Arten werde ich jedesmal angeben, ob eine zufriedenstellende Vermehrung durch Samen erfolgen kann.

Die Aussaat von Zimmerpflanzen geschieht immer unter Glas, auf einer Fensterbank im warmen Wohnzimmer. Im Handel erhält man Minigewächshäuser, die sich vorzüglich für diesen Zweck eignen. Daneben kann man in solchen kleinen Glashäusern auch einjährige Gartenblumen heranziehen. Die Pflanzschalen werden mit Torfkultursubstrat gefüllt. Solche Substrate kann man sowohl zum Säen als auch zum Pikieren kaufen (TKS 1 und TKS 2).
Das Substrat wird gut angefeuchtet und mit einem kleinen Brettchen eingeebnet. Der Samen wird auf das Substrat gestreut und leicht mit dem Brettchen angedrückt. Auf diese Saatschale wird dann die mitgelieferte, aus durchsichtigem Plastik bestehende Haube gesetzt. Damit keine Schimmelpilze sich ansetzen, empfiehlt sich die Behandlung des Torfsubstrats mit einem Desinfektionsmittel gegen Pilzkrankheiten (Euparen, Chinosol, Pomasol, Schachtelhalmabsud usw.). Sobald die Saat aufgegangen ist, wird vorsichtig gelüftet. Zeigen die jungen Sämlinge das zweite Keimblatt, so wird in kleine Torftöpfchen pikiert. Diese Töpfchen werden wieder unter die Plastikhaube gestellt, bis sie gut durchwurzelt sind. Die so gewonnenen Jungpflanzen können dann normal, wie alle andern Zimmerpflanzen ihrer Art, behandelt werden.

Die vegetative Vermehrung

Wer erbgleiche Pflanzen heranziehen möchte, ist auf die vegetative Vermehrung angewiesen. Aus Pflanzenteilen, die sich bewurzeln und so eine neue Pflanzen bilden, können nur gleichartige Pflanzen entstehen, da die Erbinformationen der Zellen nur von der Mutterpflanze herstammen.
Die vegetative Vermehrung kann auf verschiedene Weise vorgenommen werden. Bei der Kulturanleitung der einzelnen Pflanzen werde ich jedesmal auf die Methode der Vermehrung hinweisen.

1. Kopfstecklinge

Kopfstecklinge sind 4 bis 15 cm lange Enden von Haupt- oder Seitentrieben der Pflanzen. Sie werden unter einem Blattansatz leicht schräg mit einem scharfen Messer abgeschnitten. Die Schnittfläche darf auf keinen Fall gequetscht sein. Das unterste Blattpaar wird entfernt. Bei Stecklingen mit sehr großen Blättern werden diese bis zur Hälfte verkleinert, damit die Verdunstungsfläche geringer wird. Man unterscheidet zwischen Stecklingen, die in krautigem Zustand geschnitten werden und solchen, die in halbharten oder sogar holzigen Zustand abgenommen werden. Krautige Stecklinge bestehen aus weichen Stengelteilen (z.B. Fleißiges Lieschen, Pelargonien und Buntnessel). Halbharte Stecklinge bestehen aus halbverholzten Stengeln. Sie müssen dem Messer schon ein wenig Widerstand entgegenbringen.

Halbharte Stecklinge werden z.B. von Fuchsien angenommen. Holzige Stecklinge bestehen aus festen Holzstengeln. Sie werden vor allem bei Azaleen und Oleander abgenommen. Bei den einzelnen Pflanzenbeschreibungen wird immer darauf hingewiesen, welche Art von Stecklingen man abnehmen muß. Die beste Zeit, Stecklinge abzunehmen ist kurz vor der Blütenbildung. Zu diesem Zeitpunkt ist die Wuchskraft der Pflanze am stärksten.

Stecklinge werden 3 cm tief in Torfkultursubstrat, der mit einem Teil Schwemmsand vermischt wurde, eingesteckt. Das Substrat muß sehr feucht sein. Stecklinge benötigen zum Anwachsen meist höhere Temperaturen als die normal entwickelte Pflanze. Oft wachsen sie nur an, wenn die Temperatur um 30 Grad liegt. Es ist deshalb wichtig, daß man in den Anzuchtkästen eine Heizung einbaut. Dies ist heute leicht möglich mit den Heizdrähten, die man in jedem Fachgeschäft kaufen kann. Allerdings wird eine solche Heizung mit dem dazugehörigen Thermostat nicht ganz billig. Notfalls kann man sich helfen, indem man die Pflanzengefäße auf eine Heizung stellt. Man muß allerdings dann sehr oft den Feuchtigkeitsgehalt des Substrates kontrollieren.

Krautige Stecklinge leiden oft an Fäulnis. Um diesen Nachteil zu vermeiden, soll man die Schnittstellen mit Holzkohle oder Tierkohle desinfizieren.

Schwer anwachsende Stecklinge werden heute mit Wuchsstoffen, die man im Fachhandel kaufen kann, zur Wurzelbildung angeregt. Vor dem Stecken wird die Schnittstelle in dieses Präparat getaucht. Auch bei leicht heranzuziehenden Stecklingen kann man diese Wuchsstoffe anwenden. Die Bewurzelung geht dann viel schneller vonstatten. Um Feuchtigkeitsverluste zu vermeiden, sollen die Stecklinge in Kleingewächshäusern, wie sie schon im Kapitel über die Samenvermehrung beschrieben wurden, gezogen werden.

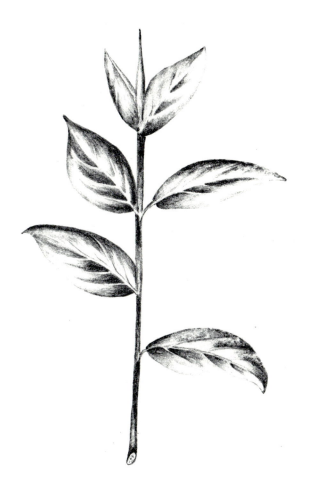

Kopfsteckling

Stammstecklinge

Stammsteckling

Bei dieser Art von Vermehrung wird nicht nur die Triebspitze verwendet, sondern der ganze Stamm einer Pflanze. Dieser wird in kleine Teile zerschnitten. An jedem Teil sollen sich ein oder zwei Knoten befinden (Blattansatz). In diesen Knoten befinden sich schlafende Augen, die sehr leicht austreiben. Die Stammstücke werden mit dem Auge noch oben waagerecht in das Pflanzensubstrat gelegt. Dabei soll der Stamm 2/3 seines Durchmessers im Substrat eingebettet haben. Das Auge darf nicht bedeckt werden. Mit dieser Methode kann man aus unansehlich gewordenen Dracaenen, Gummibäumen oder Fensterblättern viele schöne, junge Pflanzen heranzüchten.

Eine Abart der Stammstecklinge sind die Augenstecklinge. Hier wird ähnlich wie beim Rosenokulieren ein Auge aus dem Stamm abgeschnitten und auf die Erde gelegt. Diese Methode eignet sich für dicke, holzige Pflanzen.

Blattstecklinge

Blattsteckling

Verschiedene Pflanzen kann man mit Blattstecklingen vermehren. Zu diesem Zweck werden Blätter mit den Stielen abgezupft und mit den Stielenden in das Substrat gesteckt. Diese Methode eignet sich nicht für alle Pflanzen. Mancher Zimmergärtner hat vergeblich auf das Wachstum eines solchen Stecklings gewartet. Zwar bildet das Blatt in den meisten Fällen Wurzeln, einen Stamm bildet die Pflanze jedoch nicht. Man behält ein grünes Blatt mit ein paar Wurzeln. In der Pflanzenbeschreibung werde ich jedesmal darauf hinweisen, wenn Blattstecklinge möglich sind.

Adventive Pflanzen auf Blättern

Diese Methode wird besonders bei Begonien angewendet. Ein Blatt wird abgepflückt und an den Blattnerven mit einem Messer leicht eingeschnitten. Das so vorbereitete Blatt wird nun flach auf das Substrat gelegt und mit Klammern befestigt. Nach einiger Zeit bilden sich an den Verletzungsstellen junge Begonienpflanzen.

Adventivpflanzen auf Begonienblatt

Vermehren durch Teilen eines Rhizoms

Pflanzen mit unterirdischen Ausläufern, den sogenannten Rhizomen können durch Teilung dieser Ausläufer vermehrt werden. Die Wurzeln werden freigelegt und mit einem scharfen Messer in kleine Teile zerschnitten. Dabei muß darauf geachtet werden, daß jedes Teilstück einen Trieb behält. Ebenso kann man Knollenpflanzen durch Teilen der Knollen vermehren.
Nach dem Durchtrennen der Rhizome empfiehlt es sich, die Schnittstellen mit Holzkohle einzupudern und 24 Stunden eintrocknen zu lassen. Damit verhindert man das Eindringen von Fäulniserregern durch die offene Wunde.

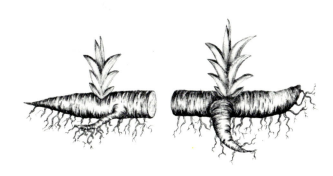

Teilung eines Rhizoms

Vermehrung durch Ableger

Diese Vermehrungsmethode wird sehr oft bei Kletterpflanzen angewandt. Man legt einen Trieb der Pflanze auf das Substrat und befestigt ihn mit einem Haken. An der Stelle, wo der Zweig den Boden berührt bilden sich Wurzeln. Sind diese gut eingewachsen, wird der Trieb von der Stammpflanze abgeschnitten und als eigene Pflanze weiterkultiviert.

Das Abmoosen

Zu hoch gewordene Gummibäume oder Fensterblätter kann man durch Abmoosen teilen. Dabei bleibt die Stammpflanze erhalten und aus der Spitze entsteht eine neue Pflanze.
Beim Abmoosen wird unterhalb eines Auges (Blattansatz) der Stamm mit einem scharfen Messer schräg von oben nach unten bis zur Hälfte durchgetrennt. Die Wunde wird mit einem Holzkeil auseinandergehalten. Nun wird feuchtes Sumpfmoos oder feuchter bis nasser Torf in einem Plastiksäckchen um die Wunde gelegt. Am einfachsten geht es mit einem Gefrierbeutel, den man unten aufschneidet und von unten bis zur Einschnittstelle über die Pflanze schiebt. Der Beutel wird dann unten dicht an den Stamm festgebunden. Dabei muß darauf geachtet werden, daß kein Wasser nach unten auslaufen kann. In die Tüte füllt man das Moos oder den Torf und bindet auch die obere Hälfte des Beutels fest um den Stamm zusammen. Auf diese Weise wird ein Austrocknen der Füllung vermieden. Nach einigen Wochen zeigen sich an der Außenwand des Plastikbeutels die ersten Wurzeln. Nun wird die Spitze ganz vom unteren Teil der Pflanze getrennt und neu eingetopft. Der untere Teil treibt an den oberen Augen wieder neu aus. Man erhält dann eine verzweigte, buschige Pflanze.

Vermehrung durch Teilung

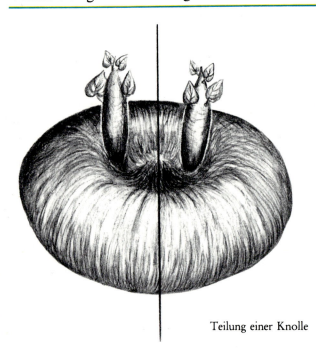

Teilung einer Knolle

Pflanzen mit einem dichten Wurzelwerk können durch Teilung vermehrt werden. Zu diesem Zweck schneidet man mit einem scharfen Messer die Pflanze in der Mitte durch, wobei man darauf achten muß, daß jeder Teil Wurzeln und Triebe behält. Man soll versuchen, die Schnittfläche so klein wie möglich zu halten. Nach dem Durchtrennen werden die Schnittflächen mit Holzkohle eingepudert, um Fäulnispilze abzuhalten. Die getrennten Pflanzenteile werden sofort eingetopft und wie umgetopfte Pflanzen weiter gepflegt.

Vermehrung durch Kindel

Manche Pflanzen haben die Eigenschaft, Kindel zu bilden. Dies sind junge Pflanzen, die entweder an den Trieben oder an den Wurzeln entstehen. Kindel die aus Wurzeln herauswachsen werden, wenn sie ungefähr 8 bis 10 cm hoch geworden sind, mit einem scharfen Messer von der Mutterpflanze abgetrennt. Beim Abschneiden muß darauf geachtet werden, daß die Jungpflanze so viel Wurzeln wie möglich behält. Das Kindel wird gleich eingetopft und wie umgetopfte Pflanzen weitergepflegt.

Kindel, die sich an Trieben gebildet haben, werden wie Ableger behandelt. Man läßt sie vorerst an der Mutterpflanze, legt sie aber auf ein Torfsubstrat, das sehr feucht sein soll. Mit einem Holz- oder Drahthaken befestigt man das Kindel an dem Substrat. Sobald sich genügend Wurzeln gebildet haben, wird das Kindel von der Mutter getrennt und wächst als eigene Pflanze weiter.

Es gibt noch keine Pflanzenärzte

Zimmerpflanzen wachsen immer in einer unnatürlichen Umgebung. Sie sind deshalb anfälliger gegen Krankheiten und Schädlinge als ihre Artgenossen in der natürlichen Umwelt. Der Zimmergärtner soll sich deshalb immer wieder überzeugen, daß seine Pflanzen gesund sind und bei den ersten Anzeichen einer Krankheit Gegenmaßnahmen ergreifen.

Pilzkrankheiten

sind bei Zimmerpflanzen weit verbreitet. Sie äußern sich meistens durch Blattflecke oder durch Gelbwerden der Blätter. In stickiger, dumpffeuchter Luft vermehren sie sich besonders schnell. Gute Belüftung und vorsichtiges Gießen wirken vorbeugend gegen alle Pilzkrankheiten. Sind die Pflanzen jedoch von einem Pilz verfallen, so helfen nur mechanische und chemische Mittel. Alle Pflanzenteile, die befallen sind, werden abgeschnitten und verbrannt. Dann werden die Pflanzen mit einem Fungizid gespritzt. Passen Sie dabei auf, daß Haustiere und Kinder nicht mit den Mitteln in Berührung kommen. Pilzmittel sind zwar generell nicht giftig, können aber Unpäßlichkeiten hervorrufen.

Schädlinge

Eine ganze Reihe von kleinen, oft mit dem bloßen Auge fast nicht mehr zu erkennende Insekten befallen die Zimmerpflanzen. Auch für diesen Befall sind meistens Pflegefehler die Ursache. Gesunde Pflanzen werden nicht oder nur ganz wenig von Schädlingen heimgesucht. Neben der Bekämpfung mit einschlägigen Mitteln sollten Sie deshalb immer eine Gewissenserforschung betreffend die Pflege Ihrer Pflanzen machen und eventuelle Fehler korrigieren.
Die bekanntesten tierischen Schädlinge sind:

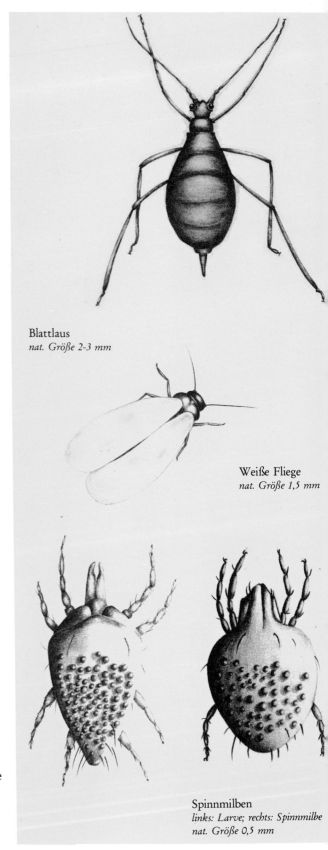

Blattlaus
nat. Größe 2-3 mm

Weiße Fliege
nat. Größe 1,5 mm

Spinnmilben
links: Larve; rechts: Spinnmilbe
nat. Größe 0,5 mm

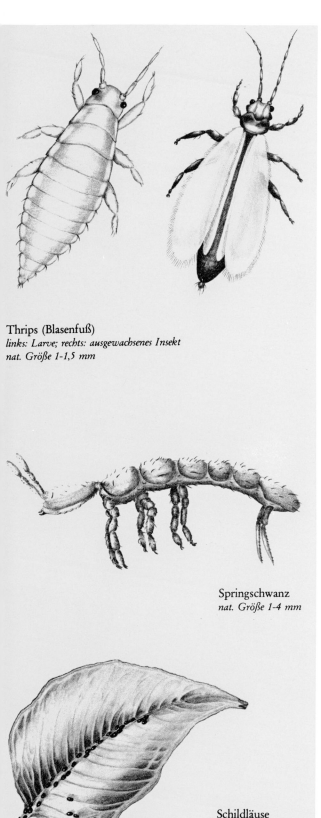

Thrips (Blasenfuß)
links: Larve; rechts: ausgewachsenes Insekt
nat. Größe 1-1,5 mm

Springschwanz
nat. Größe 1-4 mm

Schildläuse
nat. Größe 1-2 mm

Die Blattläuse

Blattläuse sind kleine Insekten von ungefähr 1,5 bis 2,5 mm Länge. Sie sitzen besonders an den zarten Triebspitzen und saugen den zuckerhaltigen Saft der Pflanzen. Außerdem scheiden sie einen klebrigen Saft aus, der Ameisen anlockt und die Blätter verunziert. An dieser klebrigen Mase bilden sich Russtaupilze, sodaß die Blätter in kurzer Zeit mit einem schwärzlichen Belag überzogen werden. Dieser Belag wiederum stört die Assimilation der Blätter, was sich negativ auf das Wachstum der Pflanze auswirkt.

Schildläuse

sind nur in ihrem Jugendstadium beweglich. Sie setzen sich an den Stengeln und Blättern der Zimmerpflanzen fest und leben vom Saugen des Pflanzensaftes. Nach kurzer Zeit überziehen sich die Tiere mit einem harten Chitinpanzer und werden dann unbeweglich. Sie kleben mit dem Schild an der Pflanze fest. Die Bekämpfung ist sehr schwierig, da der Panzer das Insekt wirksam gegen Insektizide schützt. Schildläuse werden am sichersten mit systemischen Mitteln die in den Saftstrom der Pflanzen einziehen, bekämpft. Starker Befall von Schildläusen bringt die Pflanzen zum Kümmern und sehr oft zum Eingehen.

Wolläuse

sind kleine Insekten, deren Körper mit einem weißen, mehligen Belag überzogen ist. Der Schaden ist der gleiche wie der von Blattläusen. Wolläuse sitzen meistens in Kolonien zusammen. Die Blätter sehen wie gezuckert aus. Wollausbefall wird oft mit einer Pilzkrankheit verwechselt. Der wachsartige Belag schützt die Wolläuse gegen die meisten Insektizide, da diese nicht bis an das Insekt vordringen können. Die Bekämpfung erfolgt am sichersten mit systemischen Mitteln.

Die weiße Fliege

ist ein mottenähnliches, bis zu 2 mm großes Insekt. Wenn es in Ruhestellung unter den Blättern sitzt, hat es die Form eines kleinen weißen Dreiecks. Bei der geringsten Berührung fliegt die Mottenschildlaus, wie das Insekt auch benannt wird, auf. Die Larven sitzen unter einem Schild an der Unterseite der Blätter. Der Schaden ähnelt demjenigen der Schildläuse. Ihre Bekämpfung erfolgt mit Insektiziden, muß aber in Abständen von 1 Woche mehrmals wiederholt werden.

Thrips oder Blasenfüße

sind kleine, bis zu 1 mm lange, schlanke Insekten von gelblicher bis brauner Farbe. Das Tier legt seine Eier mit einem Legestachel ins Innere der Blätter. Die Gelege bekommen einen silbrigen Glanz und später, beim Ausschlüpfen der Larven, sterben die Blätter ab. Die Bekämpfung erfolgt durch Insektizide und geeignete Pflegemaßnahmen.

Rote Spinnen oder Spinnmilben

sind kleine, mit dem bloßen Auge kaum wahrnehmbare Milben, die an der Unterseite der Blätter saugen. Sie sind oft mit einem weißen Gespinst überzogen. An den befallenen Blättern erkennt man ihre Ausscheidungen in Form von kleinen schwarzen Punkten. Spinnmilben bewirken bei starkem Befall ein Eingehen der Pflanze. An der Oberseite der Blätter stellt man den Spinnmilbenbefall an den weißlichen bis silbrigen Punkten und Streifen, die sich an den Saugstellen der Tiere bilden. Die Bekämpfung ist schwierig, jedoch kann der Befall durch geeignete Pflegemaßnahmen verhütet werden.

Mückenlarven

Verschiedene Mückenarten befallen die Erde der Zimmerpflanzen. Besonders oft findet man die verschiedenen Trauermücken mit ihren Maden. Es sind dies bis zu 2 mm große, graue bis schwarze Fliegen, die auf der Oberfläche der Blumenerde zu finden sind. Oft beobachtet man sie auch an den Fensterbänken, auf denen Pflanzen gezüchtet werden. Ihre Larven sind weißlich-gelb und leben in der feuchten Blumenerde. Sie ernähren sich von Pflanzenabfall können jedoch auch Wurzeln und krautige Stengel annagen und zum Faulen bringen. Im allgemeinen richten sie jedoch keinen Schaden an. Ihre Bekämpfung empfiehlt sich trotzdem, wegen der lästigen Insekten, die überall am Fensterbrett zu finden sind.

Springschwänze

Springschwänze leben ebenfalls in der Blumenerde. Sie fühlen sich besonders wohl in den torfhaltigen Einheitserden. Schaden richten sie keinen an. Man erkennt Springschwänze daran, daß sie, sobald sie aus der Erde kommen, hochspringen. Dies fällt besonders beim Gießen auf. Ihre Bekämpfung erfolgt durch Gießen mit einem Insektizid oder durch Eintauchen des Blumentopfes bis zum Rande in Wasser. Die Insekten verlassen die Erde und können leicht vernichtet werden.

Neben den angeführten Schädlingen können noch Wurzelläuse, Erdflöhe und andere Insekten die Zimmerpflanzen befallen. Die Bekämpfung solcher tierischen Schädlinge wird mit Insektiziden vorgenommen.

Schäden an Zimmerpflanzen

In der folgenden Tabelle werden die Symptome, die man an Pflanzen feststellen kann, kurz beschrieben. Dabei wird angegeben, welche Schädlinge oder welche Krankheiten in Frage kommen. Untersuchen Sie daraufhin Ihre Pflanzen und orientieren Sie Ihre Bekämpfung nach den Feststellungen dieser Untersuchung.
In einer dritten Kolonne werden die Bekämpfungsmaßnahmen angegeben, die für die einzelnen Krankheiten zutreffen.

Pflegefehler

Sehr oft bringt die Untersuchung der Pflanzen überhaupt keine Krankheit oder keinen Schädling zutage. In diesem Falle handelt es sich meistens um Pflegefehler. Deshalb werden bei den einzelnen Symptomen auch immer die in Frage kommenden Pflegefehler angegeben.

Falls Sie also keinen Schädling und keine Krankheit an den kümmernden Pflanzen vorfinden, so sollten Sie die Pflege Ihrer Pflanzen revidieren und zwar nach den in der Tabelle angegebenen Kriterien.

Symptome	Ursachen und Abhilfe
Wenig oder gar keine Blüten. Geilwuchs.	Lichtmangel. Pflanzen heller stellen, eventuell Beleuchtung anbringen.
Blätter und Triebe wachsen nach einer Seite.	Pflanze jeden zweiten Tag um 90° drehen, damit der Lichteinfall gleichmäßig auf alle Teile der Pflanze fällt. Vorsicht bei Blütenpflanzen während der Blütenbildung. Viele Pflanzen werfen Knospen ab, wenn der Lichteinfall verändert wird.
Blätter und Triebe bleiben klein. Pflanze wächst wenig oder gar nicht.	Topf zu klein. Mangelhafte Ernährung. Zuviel Wasser. Umtopfen. Regelmäßig düngen und weniger gießen. Bei der Düngung jedoch auf Ruhezeit der Pflanzen achten. Während dieser Zeit soll das Wachstum stark reduziert sein.
Blätter werden verkrüppelt.	Pflanze wurde unterkühlt. Temperaturschock durch Zugluft oder Standortwechsel. Nicht düngen, wärmer stellen. Vorsichtig mit abgestandenem Wasser gießen. Eventuell Plastikzelt über die Pflanze stülpen. (Gewächshauseffekt). Blattläuse, Milben, Rote Spinne, Wolläuse und Schildläuse. Pflanzen mit der Lupe untersuchen. Wenn Parasiten festgestellt werden, mit Insektiziden behandeln.
Blätter werden schlaff	Ballentrockenheit. Zu wenig Wasser, Wurzelkrankheiten. Pflanze während einiger Stunden bis zum Topfrand ins Wasser tauchen. Regelmäßig gießen. Wurzelballen auf Fäulnis oder Insektenlarven untersuchen. Bei Fäulnis umtopfen, angefaulte Wurzeln abschneiden. Erde desinfizieren (Fungizide). Bei Insektenlarven Erde mit Insektizid gießen.
Spitzen der Blätter werden dürr.	Besonders bei Palmen. Luftfeuchtigkeit zu niedrig. Bei andern Pflanzen Schaden durch zu starke Besonnung. Palmen täglich mit enthärtetem Wasser übersprühen. Grelle Mittagssonne durch Beschattung der Pflanzen mildern. Bei Palmen kann man die braunen Spitzen abschneiden.
Knospen und Blüten fallen plötzlich ab. Plötzlicher Blattabfall.	Plötzliche Veränderung der Umweltbedingungen. Mehr oder weniger Licht. Zugluft, Temperatur höher oder niedriger. Ballentrockenheit. Pflegebedingungen verbessern. Eventuell langsames Eingewöhnen an den neuen Standort. (Einhüllen in Plastikzelt). Temperatur und Lichtverhältnisse den Bedürfnissen der Pflanze anpassen. Zugluft durch Abschirmung des Standortes verhindern.
Vergilben der Blätter ohne Blattabfall.	Erde zu kalkhaltig. Tritt besonders bei Azaleen und Heidekrautgewächsen auf. Nur mit enthärtetem Wasser gießen. Erde erneuern und den Bedürfnissen der Pflanze besser anpassen (ph-Wert).
Flecken, Verfärbungen, Ausbleichen und Abfallen der Blätter.	Schäden durch Umwelt. Rauch, Gas (in Badezimmern und Küchen). Obstschalen mit reifenden Äpfeln, Birnen oder Apfelsinen können durch Athylengasausscheidungen in der Nähe stehende empfindliche Pflanzen schädigen. Umweltbedingungen verbessern. Gießfehler: stauende Nässe. Weniger gießen. Im Unterteller stehendes Gießwasser nach einer halben Stunde abgießen.
Blätter und Blüten mit weißen Flecken übersät. Mosaikartige helle und dunklere Zonen.	Thrips oder Blasenfuß. Bekämpfung erfolgt durch Spritzen mit einem Insektizid.

Symptome	Ursachen und Abhilfe
Blattachseln und Triebe mit Knäueln von Insekten bedeckt in wachsartigen weißen Gespinsten. Pflanzen welk oder gelblich.	Wolläuse. Pflanzen mit Seifenlösung abwaschen oder einem Insektizid spritzen.
Triebe und Blätter mit weißlich-gelben bis braunen, napfartigen Schilden bedeckt. Pflanzen kümmern. Blätter fallen vorzeitig ab.	Schildläuse. Bekämpfung mit systemischen Insektiziden. Bekämpfung in Abständen von 3 Wochen wiederholen, damit frisch geschlüpfte Insekten vernichtet werden.
Pflanzen welk mit herabhängenden Blättern. Blätter vergilben. Gießfehler liegen nicht vor.	Wurzelläuse oder Larven von Insekten in der Erde. Pflanzen mit einem Insektizid gießen. Bei Larven während einiger Stunden in Wasser tauchen. Larven verlassen dann die Erde und können leicht abgelesen werden.
Blätter, krautige Stiele und Blütenknospen braun gefleckt, später grauer Pilzbelag. Blätter mit gelben Flecken. Triebwachstum schwach.	Grauschimmelfäule (Botrytis). Pflanzen mit einem Fungizid behandeln. Krankheit tritt besonders bei zu kaltem Standort auf. Temperatur erhöhen.
Blätter haben kleine Flecken, welken und vergilben. An der Unterseite der Blätter kleine schwarze Kotflecken und weiße Gespinste.	Rote Spinne. Insekt nur mit der Lupe zu erkennen. Besonders schwer werden Gummibäume, Yucca und Aralien geschädigt. Bei Dracaenen und Yucca sitzen die Spinnmilben an der Basis der Blätter. Sie sind schwer zu erkennen. Rote Spinnen treten besonders stark bei trockener Luft, bei Zugluft oder zu warmen Standort auf. Neben der Bekämpfung durch Spritzen mit Akariziden und Insektiziden muß die Pflege verbessert werden.
Vergilben der älteren Blätter.	Temperatur den Bedürfnissen der Pflanzen nicht angepaßt. Pflanzen wärmer oder kälter stellen je nach Anspruch.
Blätter rollen sich zusammen und zeigen Flecken.	Zu starke Besonnung. Pflanzen während der Mittagssonne beschatten. Aufstellen an den Ost- oder Westfenstern.
Blätter zeigen braune Spitze und Ränder.	Wurzelkrankheiten durch Überdüngung, Zugluft, Verbrennungen durch Sonne auf Wassertropfen (Brennglaseffekt). Düngung einschränken, Pflanzen morgens übersprühen, damit sie abgetrocknet sind, wenn die Sonne sie bestrahlt. Zugluft vermeiden. Chlorhaltiges Wasser kann auch bei empfindlichen Pflanzen zu Blatterkrankungen führen. Zum Gießen abgestandenes Wasser oder Regenwasser verwenden. (Besonders wichtig, wenn Oberflächenwasser zu Trinkwasser aufbereitet wird).

Symptome	Ursachen und Abhilfe
Blätter mit gelben Flecken. Triebwachstum schwach. Bei Berührung der Blätter fliegen kleine, weiße Insekten auf.	Weiße Fliege. Mit einem Insektizid spritzen. Bekämpfung während einiger Monate in Abständen von 3 Wochen wiederholen. Sehr widerstandsfähiger Schädling.
Blätter mit Flecken von grauer bis brauner Farbe. Vorzeitiger Blattbefall. Adern nicht befallen.	Pilzkrankheiten. Blattfleckkrankheiten. Bekämpfung regelmäßig in Abständen von 3 Wochen mit einem Fungizid.
Blätter mit einem feinen, mehligen, weißen Belag überzogen. Später Braunfärbung der Blätter und Blattfall.	Echter Mehltau. Bekämpfung mit schwefelhaltigen Fungiziden. Tritt besonders gerne in schlecht gelüfteten Räumen und bei zu dicht stehenden Pflanzen auf. Umweltbedingungen verbessern.
Gewebe der Blätter wird korkig und braun. Junge Blätter kräuseln sich und wachsen nicht mehr.	Weichhautmilben. Alle Milbenarten. Mit Akariziden (Spezialmittel gegen Milben) spritzen. Milbenbefall kommt häufig bei zu trockener Luft, bei Zugluft und zu starker Sonnenbestrahlung vor. Standort der Pflanzen wechseln.

Wichtige Hinweise bei der Krankheits- und Schädlingsbekämpfung

Insektizide und Fungizide sind giftig. Es muß deshalb darauf geachtet werden, daß die Spritzlösung nicht in Aquarien gelangt oder Haustiere (Vögel, Hamster usw.) trifft. Lebensmittel und Obst müssen vor dem Spritzen in sichere Entfernung gebracht werden. In Kleingewächshäusern und in Wintergärten muß man bei Spritzarbeiten eine Maske tragen.

Bei Anwendung von Spraydosen darf man nicht näher als 40 cm an die Pflanze herangehen. Durch das sich ausdehnende Treibgas wird die Temperatur der Lösung bis auf 0 Grad herabgesetzt. Geht man zu nahe heran, werden die Blätter der Pflanzen unterkühlt und bekommen braune oder gelbe Ränder. Sehr empfindliche Pflanzen können sogar eingehen.

Zum Spritzen benützte Gefäße müssen mit Seifenlösung gereinigt werden und dürfen nicht zum Aufbewahren von Lebensmitteln oder Tierfutter benützt werden. Tierische Schädlinge, wie z.B. Blattläuse, können auch mit warmem Wasser getötet werden. Zu diesem Zweck taucht man die Pflanze während kurzer Zeit in warmes Wasser ein. Die Temperatur des Wassers muß genau 50 Grad Celsius betragen. (Geeichtes Thermometer). Tierische Schädlinge werden bei dieser Temperatur getötet. Das Pflanzengewebe wird erst bei 54 Grad Celsius zerstört. Nach dem Eintauchen kann es vorkommen, daß die Pflanzen schlaff werden. Sie erholen sich aber schnell, vorausgesetzt, daß die Wassertemperatur nicht über 50 Grad betrug.

Keine Angst vor Hydrokultur

Der Begriff Hydrokultur schreckt viele Pflanzenliebhaber ab. Man denkt dabei unwillkürlich an Technik, an Vergewaltigung der Natur und an hohen Kostenaufwand. Und doch möchte ich im Rahmen dieses Buches nicht darauf verzichten, die Hydrokultur in ihren Grundzügen vorzustellen, ihre Vor- und Nachteile anzugeben und vor allem mit den Vorurteilen gegen diese relativ junge Kulturmethode aufzuräumen.

Die Hydrokultur hat sich im Laufe der letzten Jahrzehnte aus der Hydroponik entwickelt. Sie geht davon aus, daß die Pflanzen zum Leben nur Licht, Luft, Wasser und Nährsalze benötigen. Die Erde dient eigentlich nur als Speicher für Wasser und Nährstoffe und als Lebensraum für die Kleinstlebewesen, die die organischen Substanzen des Humus wieder in ihre Bestandteile zerlegen und so die Nährstoffe für die Pflanzen aufbereiten. Außerdem bildet die Erde die Stütze, die den Pflanzen Halt gibt, damit sie aufrecht wachsen können.

Wenn man es also fertig bringt, der Pflanze die benötigten Nährstoffe in Form von wasserlöslichen Düngesalzen in der richtigen Dosierung zur Verfügung zu stellen und daneben durch geeignete Mittel den Wurzeln den nötigen Halt zur Stütze der Pflanzen zu geben, so kann man auf das Substrat Erde verzichten. Solche Überlegungen führten in Amerika zur Einführung der Hydroponik: eine sehr aufwendige Methode, die einer teueren Anlage bedurfte und optimale Kenntnisse der Pflanzenpflege verlangte. Aus diesem System entwickelte sich die Hydrokultur, die wesentlich einfacher zu betreiben ist. Die Pflanzen werden in ein Gefäß gepflanzt, das bis zu einem Drittel seiner Höhe mit Nährlösung gefüllt ist. Die Wurzeln ragen mit ihren Spitzen in diese Lösung. Der größte Teil der Wurzeln jedoch befindet sich in einer neutralen Füllmasse, die zwar feucht ist, aber der Luft freien Zutritt zu den Wurzeln gestattet. Die Nährlösung muß alle 3 bis 4 Wochen erneuert werden. Zwischendurch wird nur das verdunstete Wasser ersetzt.

Neuerdings wurde auch dieses System wieder von einer noch einfacheren Methode abgelöst, die sich für die meisten Pflanzen bewährt hat. Die Nährlösung wird durch einen Langzeitdünger ersetzt, der seine Nährstoffabgabe dem Bedürfnis der Pflanze anpaßt. Man spricht von Ionenaustauscher. Bei dieser Kulturmethode braucht man kein enthärtetes Wasser, ja man muß sogar, damit das System überhaupt funktioniert, kalkhaltiges Leitungswasser verwenden. Nur wenn der Härtegrad des Wassers unter 4 bis 5 Deutsche Härtegrade fällt, müssen Spezialprodukte verwendet werden.

Wegen des allgemeinen Rahmens dieses Buches werde ich in der Folge nur mehr von der Kultur mit Ionenaustauschern sprechen, da diese für den Anfänger und den Amateur am leichtesten zu beherrschen ist. Wenn Sie sich intensiver mit allen Arten von Hydrokultur beschäftigen möchten, sollten Sie sich Spezialliteratur besorgen. Amateuren empfehle ich das umfassende und leichtverständliche Werk „Mehr Blumenfreude durch Hydrokultur" von Margot Schubert (BLV München, 1980).

Die Hydrokulturgefäße

Hydrokulturpflanzen können praktisch in jedem wasserhaltenden Gefäß gehalten werden. Aus praktischen Gründen wurden jedoch spezielle Gefäße geschaffen, die die geringe Pflegearbeit noch erleichtern.

Hydrokulturgefäße bestehen aus einem Wasserbehälter, einem Einsatz und einem Wasserstandsanzeiger. Neuere Gefäße besitzen daneben noch einen Wassertank, der die Autonomie eines solchen Pflanzengefäßes auf 4 bis 5 Wochen ausdehnt. Sie können bei solchen Gefäßen getrost in Urlaub fahren, die Pflanzen sind während Ihrer Abwesenheit optimal versorgt. Im Handel werden Gefäße von allen Formen und Größen angeboten. Viele sind so gestaltet, daß sie zu Pflanzengruppen zusammengestellt werden können. Dabei kann sowohl die Höhe als auch die Grundform der Gruppe verschieden gestaltet werden.

Wenn Sie ihre Pflanzen selber pflegen wollen und diese nicht an professionelle Hydrokulturfirmen übergeben möchten, sollten Sie beim Kauf von Gefäßen immer darauf achten, daß die Töpfe und Schalen handlich sind, sich leicht entleeren lassen und leicht zu reinigen sind. Bedenken Sie immer, daß große, mit Wasser gefüllte Behälter schwer sind und sich nicht leicht manipulieren lassen. Ich empfehle deshalb Schalen, in die man kleine Einsätze einfügen kann, oder komplette Gefäße, die mit einer Pflanze bestückt zu Gruppen zusammengestellt werden können.

Der Einsatz

Theoretisch ist es möglich Hydrokulturpflanzen in einer mit Füllmaterial gefüllten Schale ohne Einsatz zu halten. Aus praktischen Gründen ist es jedem anzuraten, die einzelnen Pflanzen in Einsätze zu ziehen. Bei der Reinigung werden die Einsätze mit den Pflanzen herausgenommen und in einen Bottich mit klarem Wasser gestellt. Auf diese Weise können Sie auch größere Gefäße leicht reinigen, ohne die Pflanzen zu stören und ohne schwere Lasten zu heben. Die Einsätze sind meistens aus Kunststoff, unten und seitlich mit Schlitzen versehen. Sie erhalten sie in verschiedenen Größen und Höhen. Beim Kauf müssen Sie darauf achten, daß die Einsätze an das Hydrokulturgefäß angepaßt sind.

Das Füllmaterial

Füllmaterial dient bei der Hydrokultur nur als Halt für die Wurzeln der Pflanzen. Würden Sie die Pflanzen einfach an eines über das Gefäß gestülpten Drahtgestellt befestigen, so kämen Sie auch ohne ein solches Material aus. Diese Methode kann jedoch schon aus rein optischen und esthetischen Gründen nicht verallgemeinert werden.

Sie müssen folgende Ansprüche an das Füllmaterial stellen: Das Material muß chemisch neutral sein und darf keine Fremdstoffe an das Wasser abgeben.

Das Füllmaterial muß die Feuchtigkeit halten. Es soll deshalb sehr porös sein.

Das Füllsubstrat soll verwitterungsfest sein, um Schlammbildung auf dem Grunde des Gefäßes zu vermeiden.

Aus der Fülle der verfügbaren Materialien möchte ich nur einige für den Liebhaber leicht anzuwendende Substrate angeben.

1. Basalt oder Granitsplit

Dieses Material aus klein gesplittertem Urgestein ist chemisch absolut neutral, fäulnissicher und formstabil. Der Nachteil, der sich besonders in großen Gefäßen auswirkt, ist sein Gewicht. Außerdem ist das Urgestein nicht porös und besitzt keinerlei Kapillarwirkung. Aus diesem Grunde müssen Substrate aus Urgestein mit einer hydrophilen d.h. wasseranziehenden Materie gemischt werden. Ein solches Material, das sich gut bewährt hat, ist der

2. Hygromull

Dieses Material ist eine dem Styromull ähnliche, auf der Basis von Harnstoff hergestellte Kunsterde. Sie ist absolut fäulnisfest und sehr wasseranziehend. Wegen der geringen Stickstoffabgabe soll sie nur in kleinen Mengen, d.h. als Ergänzung zu nicht hydrophilen Füllmaterialien verwendet werden.

3. Blähton

Blähton ist seit Jahrzehnten das Füllsubstrat für Hydrokulturen. Sein geringes Gewicht, seine chemische Neutralität, seine Porosität und die dadurch bedingte Isolierwärme sowie die leicht hydrophile Eigenschaft sind geradezu ideal für ein Füllsubstrat. Hinzu kommt noch, daß sein erdbraunes Aussehen sich vorzüglich zur Verwendung als Füllmaterial eignet. Blähton wurde aus dem Isolierbaustoff Lecaton von der Firma Luwasa entwickelt. Er besteht aus 0,5 bis 2 cm großen Körnern, die aus blähfähigem Ton bei sehr hohen Temperaturen gebrannt werden. Um die Wasseranziehungskraft zu vermehren, sollen die kleinen Körner ausgelesen und in den unteren Teil der Einsätze gefüllt werden als Substrat für die Wurzelbildung. Die gröberen Körner können Sie als dekorative Abdeckung der Pflanzengefäße verwenden. Blähton sollen Sie nur kaufen, wenn der Hersteller auf der Packung eine Garantie für den Gebrauch als Substrat für Hydrokultur gegeben hat.

Der Wasserstandsanzeiger

Der Wasserstandanzeiger ist eines der wichtigsten Bestandteile der Hydrokulturanlage. Beim Kauf müssen Sie sich überzeugen, daß er voll funktionsfähig und außerdem wenig anfällig für Störungen ist. Der Wasserstandsanzeiger besteht aus einer Kunststoffhülle, die wenigstens im oberen Teil durchsichtig ist. Der untere Teil ist mit schmalen Schlitzen versehen, die es der Nährstofflösung erlauben, ins Innere einzudringen und den sich dort befindlichen Schwimmer zu

heben und zu senken, je nach der Höhe des Wasserstandes. Im oberen, durchsichtigen Teil zeigt ein roter Stab oder Querbalken diesen Stand an. Normalerweise hat der Anzeiger drei Markierungen: Minimum, Maximum und dazwischen den idealen Wasserstand. Bei kleineren Gefäßen findet man den Wasserstandsanzeiger sehr oft im oberen Teil des Gefäßes fest eingebaut. Auch hier ist das System das gleiche.
Wasserstandsanzeiger können durch verschiedene Ursachen außer Betrieb gesetzt werden. Entweder zeigen sie einen leeren Topf an, obschon der Wasserbehälter noch bis zum Rande gefüllt ist, oder (was noch schlimmer ist) sie zeigen einen vollen Wasserbehälter an, obschon der letzte Tropfen verbraucht ist. Dies kann zu schweren Schädigungen an den Pflanzen führen.
Bei jeder Pflegearbeit ist deshalb der Wasserstandsanzeiger auf seine Funktionsfähigkeit zu prüfen.

Folgende Störungen kommen häufig vor:
1. Der Schwimmer klemmt in seiner Führung. Dies ist sehr oft der Fall, wenn der Anzeiger nicht senkrecht steht. Durch eine leichte Schrägstellung klebt der Schwimmer an der Seitenwand der Hülse fest. Schaffen Sie Abhilfe, indem Sie den Anzeiger senkrecht stellen.
2. Kleine Kügelchen des Ionenaustauschers sind in die Schlitze eingedrungen und blockieren den Schwimmer. Beheben Sie die Störung durch Reinigen des Anzeigers. Normalerweise können Sie ihn durch Abnehmen eines Stöpsels am oberen Rand in seine Teile zerlegen und leicht reinigen. Beim Wiederzusammenfügen müssen Sie darauf achten, daß der Schwimmer in der Hülse frei beweglich ist.
3. Kleine Faserwurzeln sind im Inneren der Hülse eingewachsen und behindern die Beweglichkeit des Schwimmers. In meinen Hydrokulturen kommt diese Panne sehr oft bei kleinen Töpfen vor, in denen der Wasserstandsanzeiger fest eingebaut ist. Durch Reinigen der Hülse wird die normale Funktion wiederhergestellt.
4. Der Schwimmer ist porös, so daß das Wasser ins Innere eindringen kann. Hierdurch bleibt der Anzeiger immer in der Position „Minimum". Dieser technische Fehler kann nur durch Austauschen des Wasserstandsanzeigers behoben werden.

Die Nährlösung

Im Kapitel Düngung wurde schon beschrieben, daß die Pflanze nicht nur vom Kohlenstoff der Luft, sondern auch von verschiedenen Nährsalzen lebt. Diese Nährsalze werden bei Erdkultur durch die Düngung ergänzt. Die Erde mit ihren Humusstoffen, die durch Kleinlebewesen zu Nährstoffen aufbereitet werden, kann jedoch den Pflanzen auch ohne Zusatzdüngung die benötigten Nährstoffe liefern, vorausgesetzt daß sie oft genug erneuert wird. Spurenelemente wie Eisen, Kupfer, Mangan, Magnesium, Bor usw. sind in der Pflanzenerde genügend vorhanden, sodaß deren Zuführung sich erübrigt. Anders aber bei der Hydrokultur. Hier müssen alle Nährstoffe und Spurenelemente den Pflanzen in genau abgestimmtem Verhältnis in flüssiger Form zugeführt werden. Dies war der größte Hemmschuh für die Hydrokultur. Fehler bei der Herstellung der Nährlösung rächten sich meistenteils durch schlechtes Gedeihen oder Eingehen der Pflanzen. Da bei der Zusammensetzung der Nährlösung die Bestandteile in ganz bestimmtem Verhältnis zueinander abgestimmt werden müssen, ist es fast eine Selbstverständlichkeit, daß das Wasser, das zur Herstellung der Lösung gebraucht wird, chemisch neutral sein muß. Regenwasser ist immer als ideal angesehen worden. Durch die Luftverschmutzung ist in unserer Zeit selbst der Regen nicht mehr chemisch neutral, sodaß auch das aufgefangene Wasser die Zusammensetzung der Lösung verändern kann. Aus diesem Grunde war es geradezu eine Notwendigkeit, einen Weg zu finden, den Hydrokulturpflanzen die benötigten Nährstoffe zuzuführen, unabhängig vom Härtegrad und der chemischen Neutralität des Wassers.
Dies ist den Forschern gelungen. Durch ein System, beruhend auf dem Prinzip des Ionenaustausches (Austausch von geladenen Teilchen) gelang es, Nährlösungen herzustellen, die langfristig die Nährstoffe an die Pflanzen abgeben und zwar genau in den von der Pflanze benötigten Mengen. Diesen komplizierten, chemischen Vorgang zu erklären, würde den Rahmen des vorliegenden Buches sprengen. Praktisch ist die Anwendung des Ionenaustausches jedoch ganz unkompliziert. Die Nährstoffe sind in kleinen Kunstharzkügelchen eingelagert, die man mit einem Meßbecher dosiert und in den Wasserbehälter der Hydrokulturtöpfe einfüllt. Der Wasserstand wird mit einfachem Leitungswasser aufgefüllt, das aber einen Härtegrad von wenigstens 5 Deutschen Härtegraden aufweisen muß. Kleinere Pflanzen kommen mit einer normalen Dosierung bis zu

6 Monaten aus. Größere Pflanzen oder solche, die einen großen Nährstoffverbrauch haben, benötigen für 3 bis 4 Monate eine bis zwei Dosierungen. Um die Sache noch zu vereinfachen, wurden sogenannte Nährstoffbatterien entwickelt die, in Kunststoffbehälter verpackt genau eine Dosierung des Ionenaustauschers enthalten. Diese Behälter werden ungeöffnet auf den Grund der Töpfe gelegt. Ihre Wirkung hält bei kleinen Pflanzen 6 Monate, bei größeren und starkwüchsigen Pflanzen 3 bis 4 Monate. Der Ionenaustauscher für Hydrokulturpflanzen wurde von der Firma Bayer aus Leverkusen entwickelt und wird unter dem Namen Levatit HD 5 vertrieben. Die Nährstoffbatterien werden von verschiedenen Firmen hergestellt, der Inhalt ist jedoch in allen Fällen der von Bayer produzierte Ionenaustauscher.

Die Batterien werden ungeöffnet nach Ablauf der Wirkungsfrist weggeworfen. In größeren Gefäßen, kann man die ganzen Batterien sehr schwer einfüllen. In diesem Falle rate ich, Levatit einfach auf das Füllmaterial zu schütten und mit Wasser in den Behälter zu spülen. Nach ein bis zwei Jahren muß die Pflanze zwecks Reinigen des Behälters herausgenommen und frisch eingetopft werden. Bei dieser Gelegenheit werden die gebrauchten Levatitkügelchen herausgespült.

Vorsicht:

Beim Nachfüllen von Wasser in Hydrokulturen mit Ionenaustauscher dürfen keine Säuren in den Behälter gelangen. Sie sollten deshalb nur einwandfreies, jedoch nicht abgekochtes Trinkwasser benützen. In öffentlichen Lokalen herrscht oft die Unsitte, Getränkereste in die Blumentöpfe zu gießen. Bei Erdkultur können kleine Mengen von solchen Resten von der Erde verkraftet werden, ohne daß die Pflanzen sichtbaren Schaden erleiden. Bei Hydrokultur mit Ionenaustauschern oder mit klassischer Nährlösung wäre die kleinste Menge solcher Getränkereste tödlich für die Pflanzen. In öffentlichen Lokalen sollen Hydrokulturpflanzen deshalb nur dort aufgestellt werden, wo ein Verschütten von Getränkeresten in die Töpfe unmöglich ist.

Umstellen von Erdkultur auf Hydrokultur

Leider gibt es noch nicht in allen Blumenläden Pflanzen zu kaufen, die von Jugend auf in Hydrokultur gezüchtet worden sind. Viele Anhänger dieser Pflanzenhaltung sind deshalb gezwungen, in Erdkultur gezüchtete Pflanzen auf Hydrokultur umzustellen. Am einfachsten ist es, sich die Pflanzen durch Stecklinge in Grodan, einer Mischung aus Steinwolle und Kunstfasern, selbst heranzuziehen. Grodan können Sie in Tafeln oder Würfeln kaufen. Es ist wasseranziehend und fördert durch seine Struktur die Bildung von Faserwurzeln. Außerdem ist Grodan chemisch neutral und die Pflanzen können in dem Substrat belassen werden, wenn sie in den Einsatz der Hydrokultur gepflanzt werden.
Die Stecklingsmethode ist jedoch nicht durchzuführen bei Pflanzen, die nur durch Teilung von Rhizomen oder durch Samen vermehrt werden können. Bei solchen Jungpflanzen, aber auch bei älteren in der Erde kultivierten Pflanzen, ist die Umstellung auf Hydrokultur umständlicher.
Die Pflanzen müssen aus der Erde genommen und die Wurzeln unter fließendem, lauwarmen Wasser sorgfältig ausgewaschen werden. Nicht die kleinste Spur von Erde darf an den Wurzeln haften bleiben. Verletzte Wurzeln, oder solche, die faulige Stellen aufweisen, müssen abgeschnitten werden. Um die Bildung neuer, auf Wasserkultur eingestellter Faserwurzeln anzuregen, sollen die Hauptwurzeln ein wenig zurückgeschnitten werden. Die so behandelten Pflanzen werden in die Hydrokultureinsätze gepflanzt. Das Wasser wird bis zur Marke optimal aufgefüllt, wobei Sie jedoch beachten müssen, daß es wenigstens die Spitzen der Wurzeln erreicht. Sollte dies bei kleinen Pflanzen nicht der Fall sein, so müssen Sie den Wasserstand höher halten. In diesem Fall wird er immer weiter abgesenkt und zwar in dem Maße, wie sich die Wurzeln entwickeln.
Bei frisch eingepflanzten Pflanzen wird nur Wasser eingefüllt. Nährlösung darf erst nach 3 bis 4 Wochen zugegeben werden. Ionenaustauscher dürfen Sie jedoch von Anfang an in den Wasserbehälter legen. Bei von Erdkultur auf Hydrokultur umgestellten Pflanzen soll das Wasser wöchentlich kontrolliert werden um zu verhindern, daß trotz aller Sorgfalt beim Auswaschen an den Wurzeln verbliebene Erdreste ein „Verfaulen" des Wassers verursachen. Wenn Sie bei solchen Kontrollen eine Verfärbung oder einen widerlichen Geruch des Wassers feststellen, so muß die Pflanze wieder ausgetopft und das Auswaschen der Wurzeln muß wiederholt werden. Ebenso müssen Sie das beim ersten Auspflanzen gebrauchte Füllmaterial auswaschen, bevor Sie es wieder zum Pflanzen benutzen können.

Pflege der Hydrokulturen

Die Pflege der Hydrokulturpflanzen ist denkbar einfach. Prüfen Sie jeden Tag den Wasserstand. Im Hochsommer kann es vorkommen, daß innerhalb von ein paar Tagen das ganze Wasser verbraucht wurde. Das gleiche kann im Winter bei trockener, warmer Heizungsluft vorkommen. Sobald das Wasser auf die Marke „Minimum" abgesunken ist, füllen Sie es wieder bis zum „Optimum" auf. Dabei müssen Sie aber auch darauf achten, daß nicht jeden Tag Wasser nachgefüllt werden soll, sondern erst dann wenn der Stand ganz abgesunken ist. Dadurch wird die Abhärtung der Wurzeln erreicht. Bei Gefäßen, die mit Ionenaustauschern gedüngt werden, brauchen Sie auf Ruheperioden nicht aufzupassen. Die Pflanzen bestimmen ja selbst den von den Lewatitkugeln freigestellten Nährstoff. Hat die Pflanze ihr Wachstum in der Ruheperiode eingestellt, so werden weniger oder überhaupt keine Nährstoffe vom Ionenaustauscher abgegeben. Bei konventionneller Kultur lassen Sie während der Ruheperiode den Wasserstand ganz niedrig und geben nur die Hälfte der Nährstoffdosis in die Lösung.

Jedes halbe Jahr, beim Austausch der Nährstoffbatterie oder beim Ergänzen der Ionenaustauscher, wird der Einsatz mit den Pflanzen herausgenommen und in ein Gefäß mit Wasser eingehängt, dies um ein Austrocknen der feinen Faserwurzeln zu verhindern, das unweigerlich eintreten würde, wenn Sie den Einsatz in trockner Luft oder in der Sonne liegen ließen. Durch das Einhängen wird ebenfalls ein Abbrechen oder Knicken der Wurzeln verhindert. Die Nährstoffbatterie wird ausgetauscht, oder wenn Lewatit lose gebraucht wurde, werden die im Grunde liegenden Kügelchen ausgespült und durch unverbrauchte Ionenaustauscher ersetzt.

Der Einsatz wird, nachdem das Füllsubstrat mit lauwarmen Wasser durchgespült wurde, wieder in den Topf gesetzt.
Bei größeren Pflanzen kann es vorkommen, daß der Einsatz für die Pflanze zu klein geworden ist. In diesem Falle muß umgetopft werden. Das Füllsubstrat wird ausgeschüttet und die Pflanze vorsichtig aus dem Einsatz genommen. Dabei müssen Sie aufpassen, daß die durch die Schlitze gewachsenen Wurzeln nicht zu viel geschädigt werden. Bei Pflanzen mit besonders feinen Wurzeln hat sich die Verfilzung mit dem Blähton so eng gestaltet, daß man oft das ganze Füllsubstrat mit den Wurzeln wie ein Topfballen herausnehmen kann. Ist die Bewurzelung außerhalb des Einsatzes durch die Schlitze hindurch so groß geworden, daß sie nicht ohne schwere Beschädigung herausgezogen werden kann, so zögern Sie nicht, den Einsatz mit einem scharfen Messer zu zerschneiden. Diese Einsätze können Sie für billiges Geld in jedem Fachgeschäft kaufen.
Die Ansprüche an Licht und Temperatur sind bei Hydrokultur dieselben wie bei der Erdkultur. Die Kapitel über Standort, Wärme, Luftfeuchtigkeit usw. haben ihre Gültigkeit auch für die Hydrokultur.
Genau wie beim Gießen der Erdkulturen, soll das zum Nachfüllen der Hydrokulturgefäße verwendete Wasser die Umgebungstemperatur haben, dies um Kälteschocks zu vermeiden. Herrschen in einem Zimmer also 21 Grad, so soll mit Wasser von 21 Grad nachgefüllt werden. Zugluft ist genau so zu vermeiden, wie zu starke Sonnenbestrahlung.
Lichtmangel schadet den Hydrokulturpflanzen ebenso wie den Pflanzen in Erdkultur. Wo nicht genügend Licht zur Verfügung steht, kann mit künstlichem Licht nachgeholfen werden. Es gibt im Handel Spezialleuchten, die allerdings nicht ganz billig sind. Solche Leuchten bewähren sich besonders gut bei Hydrokulturanlagen. Bei Erdkultur würde ich eher von künstlichem Licht abraten, da solche Pflanzen anfällig für Krankheiten sind. Hydrokulturpflanzen sind meistens widerstandsfähiger, da sie durch die Nährlösung optimal und wohlabgestimmt ernährt werden, was bei Erdkultur viel schwieriger zu erreichen ist.

Schädlingsbekämpfung bei Hydrokulturpflanzen

Hydrokulturpflanzen sind infolge ihrer optimalen Ernährung weniger anfällig für Krankheiten und Schädlinge. Durch schlechten Standort, schlechte Belüftung und falsche Umgebungstemperatur kann es trotz allem vorkommen, daß sich Schildläuse, Blattläuse oder Milben ansiedeln. Sie können ihnen selbstverständlich mit den handelsüblichen Spraydosen zu Leibe rücken. Vor dem Spritzen sollten Sie jedoch das Füllsubstrat abdecken, damit keine Spritzmittel in die Nährlösung gelangen. Um eine durchschlagende Wirkung zu erzielen ist es von Vorteil, auf speziell für Hydrokultur entwickelte systemische Mittel zurückzugreifen. Sie werden in die Nährlösung eingemischt und auf diesem Wege in den Saftstrom der Pflanzen aufgenommen. Insekten, die an Pflanzen saugen oder fressen, werden getötet. Solche Mittel sind in den auf Hydrokultur spezialisierten Läden erhältlich.

Können alle Pflanzen in Hydrokultur gehalten werden?

Im Prinzip können Sie - von Kakteen über Farne bis zu den Blatt- und Blütenpflanzen - alle Zimmerpflanzen in Hydrokultur züchten. Schwierigkeiten entstehen nur bei Pflanzen, die Wintersüber im Keller bei Temperaturen um 5-6 Grad und bei wenig Feuchtigkeit ihre Ruhezeit verbringen müssen. Sie eignen sich schlecht für Hydrokultur. Solche Pflanzen sind z.B. Pelargonien. Fuchsien, Aucuba u.a. Bei den Pflanzenbeschreibungen werde ich jeweils auf die Eignung für Hydrokultur hinweisen.

Meine beliebtesten Zimmerpflanzen

Auf den nun folgenden Seiten finden Sie Aufschluß (in Fotos und Text) über eine Reihe der schönsten und beliebtesten Zimmerpflanzen. Neben Hinweisen auf die Herkunft, die Gattung, die Vermehrung und die Eigenarten der einzelnen Arten, erhalten Sie Angaben über die Pflege, den Standort, die Bodenansprüche, die Eignung für Hydrokultur usw. So weit ein typischer Luxemburger Name besteht, wird dieser angegeben. Bei den lateinischen Artnamen benutze ich die von Gärtner gebrauchten Namen, auch wenn die rein wissenschaftliche Nomenklatur die Pflanzen anders benennt. Dies, um Mißverständnisse beim Einkauf in den Gärtnereien zu vermeiden. Da sowohl im Deutschen als auch im Luxemburgischen derselbe Name für verschiedene Pflanzen gebraucht wird, sollen Sie bei brieflichen oder telefonischen Bestellungen immer die lateinischen Namen angeben. Nur so können Sie Irrtümer bei der Lieferung vermeiden. Ihr Blumenhändler wird Ihnen für dieses Entgegenkommen dankbar sein.

Acalypha hispida

Nesselschön, Katzenschwanz
Fuusseschwanz

Gattung:	Euphorbiaceae, Wolfsmilchgewächse.
Heimat:	Die Pflanze stammt wahrscheinlich aus dem malayischen Archipel. Sie wird jedoch in fast allen tropischen Ländern als Heckenpflanze kultiviert.
Wuchsform:	In den Tropen wird der Strauch 90 bis 150 cm hoch. Die Blätter sind wechselständig, rautenförmig von bronzegrüner Farbe mit roten Blattadern. Die Pflanze wächst als Topfpflanze dicht buschig. Nur die weiblichen Pflanzen sind wegen ihrer 30 bis 50 cm langen, blutroten Kätzchen als Blütenpflanze interessant. Die männlichen, sowie die artverwandten Pflanzen sind wegen ihrer Blattfarben wertvoll.
Verwendung und Standort:	Der Katzenschwanz liebt einen hellen, aber nicht besonnten Standort. Ost- oder Westfenster sind ideal.
Wärme:	Die Pflanze braucht viel Wärme. Im Winter darf die Temperatur nicht unter 16 Grad fallen.
Wasserbedarf:	Halten Sie während des Sommers die Pflanze gleichmäßig feucht, aber nicht naß. Vermeiden Sie Staunässe. Im Winter schränken Sie die Wassergaben etwas ein. Die Luftfeuchtigkeit muß sehr hoch sein. Wenden Sie die Wasserschalenmethode an oder besprühen Sie die Pflanze täglich mit abgestandenem, lauwarmem Wasser. Zu niedrige Luftfeuchtigkeit veranlaßt ein Zusammenrollen der Blätter.
Düngung:	Ab Februar bis Oktober 3 gr. Volldünger pro Liter jede 14 Tage.
Erde:	Einheitserde oder humusreiche Blumenerde.
Umtopfen:	Die Pflanze wird jede 2 bis 3 Jahre umgetopft. Dabei soll der Topf nur eine Nummer größer sein. Umgepflanzt wird im Frühjahr (Februar bis März).
Hydrokultur:	Nesselschön eignet sich für Hydrokultur.
Vermehrung:	Durch Kopfstecklinge im Frühjahr.
Schnitt:	Damit die Pflanze buschig wächst, schneiden Sie die Triebspitzen bei älteren Pflanzen kurz vor dem Austrieb zurück.
Blütezeit:	Februar bis September.
Schädlinge:	Rote Spinne und Blattläuse, gelegentlich auch Thrips.
Besonderheiten:	Keine.

Adianthum
Frauenhaarfarn

Gattung:	Polypodiaceae, Tüpfelgarngewächse.
Heimat:	Tropische Regenwälder in Südamerika.
Wuchsform:	Die Pflanze wächst krautig und wird bis zu 30 cm hoch. An ganz dünnen, glänzenden Stengel wachsen die zartgrünen, empfindlichen Fiederblättchen. Als Farnpflanze hat das Frauenhaarfarn keine Blüten. Es vermehrt sich durch Sporen, die an der Unterseite der Blätter entlang der Adern, in gelbbraunen Sporenbehältern sich entwickeln. Es gibt an die 200 Arten von Adianthum. Sie unterscheiden sich hauptsächlich durch die Form der Fiederblättchen. Am bekanntesten ist die Art Adianthum cuneatum, die von den Gärtnern sehr häufig in Blumenarrangementen gebraucht wird.
Verwendung und Standort:	Frauenhaarfarn liebt einen hellen Platz, verträgt aber keine Sonnenbestrahlung. Verschiedene Zuchtformen mit sehr empfindlichen Blättern gedeihen sogar in tiefem Schatten. Lichtmangel zeigt die Pflanze durch Blattfall an.
Wärme:	Als Pflanze der Tropen liebt das Frauenhaarfarn einen sehr warmen Standort. Im Sommer soll die Temperatur nicht unter 20 Grad fallen. Im Winter soll die Pflanze eine stets gleichbleibende Temperatur haben, die keinesfalls unter 15 Grad liegen darf. Wechselnde Temperaturen, wie sie bei modernen Heizanlagen vorkommen (tagsüber warm, nachts kälter), verträgt das Frauenhaarfarn sehr schlecht, sogar wenn die Minimaltemperatur nicht unter den Grenzwert von 15 Grad liegt. Kälteschock oder Wechselwärmeschäden zeigt die Pflanze durch Zusammenrollen der Blätter an.
Wasserbedarf:	Die Pflanze soll während des ganzen Jahres gleichmäßig feucht gehalten werden. Nur im Winter dürfen Sie die Wassergaben etwas einschränken, wenn die Pflanze einen kühleren Standort hat. Der Ballen darf jedoch nie austrocknen. Sorgen Sie ab März für genügend Luftfeuchtigkeit, damit sich die bis August bildenden neuen Triebe schön entwickeln. Direktes Sprühen der Blätter verträgt die Pflanze nicht, deshalb wenden Sie die Wasserschalenmethode an. Im Winter ist die Pflanze ziemlich widerstandsfähig gegen trockene Luft.
Düngung:	1 g/l Volldünger pro Woche. Da Frauenhaarfarn empfindlich gegen Düngesalze ist, sollten Sie organische Düngung geben. In diesem Falle geben Sie 1/3 der für normale Pflanzen angegebenen Menge.

Erde:	Im Gegensatz zu den meisten Farnen liebt Frauenhaarfarn eine neutrale Erde, die sogar einen ph-Wert von mehr als 6,5 haben darf. Man nimmt Einheitserde vermischt mit sandigem Lehm.
Umpflanzung:	Erst nach mehreren Jahren notwendig. Umgetopft wird im Frühjahr vor Wachstumsbeginn. Die Pflanze darf nicht zu tief gepflanzt werden.
Vermehrung:	Für Amateure nicht zu empfehlen. Die Vermehrung erfolgt durch Sporen, die im Oktober oder Januar auf Fließpapier gesät werden.
Schnitt:	Durch Pflegefehler (Kälte, Trockenheit, Lichtmangel, usw.) verdorrte Triebe werden herausgeschnitten. Bei Totalschaden schneiden Sie die ganze Pflanze am Wurzelhals ab. Da die Wurzeln recht widerstandsfähig gegen Krankheiten sind, treibt das Farn meistens wieder neu aus.
Schädlinge und Krankheiten:	Abgesehen von Pflegefehlern: keine
Besonderheiten:	Keine

Aechmea fasciata

Lanzenrosette

Gattung:	Bromeliaceae, Ananasgewächse, Bromelien.
Heimat:	Brasilien, Umgebung von Rio de Janeiro, Guyana (Abart mit grünen Blättern).
Wuchsform:	Die Pflanze wächst in den Regenwäldern Brasiliens und Guyanas epiphytisch als Halbschmarotzer auf den Bäumen. Die brasilianische Art ist eine der schönsten Bromelien, die sich relativ leicht im Zimmer kultivieren läßt. Sie besitzt 7-9 cm breite, lanzettliche Blätter. Diese sind von silbrig grauer Farbe und unregelmäßig mit grünlich-grauen geraden Streifen, die quer verlaufen, gemustert. Die Blätter sind derb und dick, sowie an den Rändern dornig gezähnt. Die Spitze endet in einem Dorn. Die Pflanze bildet eine Rosette, die an ihrer Basis einen wasserdichten Trichter bildet. Die Wurzeln sind wenig ausgebildet und dienen mehr dem Stand als der Ernährung. In ihrer Heimat sammelt die Pflanze in ihrer Rosette Regenwasser, abgefallenes Laub und Insekten. Die Nährstoffe werden durch feine Härchen im Trichter aufgenommen. Die Wurzeln können jedoch auch Nährstoffe aufnehmen. Die Blüte erscheint an einem bis 30 cm langen Schaft, der aus dem Trichter wächst. An seinem oberen Teil bilden sich ährenförmig rosafarbene Deckblätter, zwischen denen sich die blauen

	Blütenblätter entwickeln. Beim Verblühen werden letztere rot und fallen dann ab. Der rosafarbene Deckblätterschaft bleibt noch längere Zeit recht ansehnlich. Nach einigen Monaten stirbt auch er ab und übrig bleibt eine schöne Blattpflanze, die selten wieder zum Blühen kommt.
Verwendung und Standort:	Die Lanzenrosette liebt einen hellen, warmen Platz ohne direkte Sonnenbestrahlung. Die Pflanze gedeiht auch bei trockener Heizungsluft. Um gutes Gedeihen zu garantieren, sollten Sie regelmäßig lüften. Die Lanzenrosette liebt eine ständige Luftbewegung, leichter Zug schadet ihr nicht.
Wärme:	Die Pflanze liebt eine gleichmäßige Wärme von 18-22 Grad. Im Winter darf die Temperatur nicht unter 15 Grad fallen, da sonst ein Wachstumsstopp entsteht. Die Pflanze bekommt dunkle Flecken und die Trichterrosette fault.
Wasserbedarf:	Die Erde soll immer, auch während des Winters, feucht gehalten werden. Gegossen wird aber in den Rosettentrichter. Dazu nur temperiertes, kalkfreies (Regenwasser) Wasser verwenden. Wo solches nicht zur Verfügung steht, müssen Sie das Gießwasser im Torf enthärten (siehe Kapitel: Wasser). Während des Sommers sollen die Blätter ab und zu mit enthärtetem, temperiertem Wasser überbraust werden.
Düngung:	Während des Sommers erhält die Pflanze jede Woche eine Düngergabe von 1 g/l. Der Dünger wird in die Blattrosette gegeben. Am besten eignet sich eine Düngerflüssigkeit für Hydrokultur.
Erde:	Lauberde gemischt mit Torf oder reines Torfkultursubstrat.
Umtopfen:	Wegen der wenig ausgebildeten Wurzeln ist ein Umtopfen nicht notwendig.
Vermehren:	Die Pflanze bildet Kindel, die Sie, sobald sie ein paar Wurzeln gebildet haben, abschneiden und frisch einpflanzen. Bis zur Blüte vergehen 3 bis 5 Jahre. Die beste Zeit für die Abnahme der Kindel ist der Monat Juli.
Schnitt:	Nur verfaulte oder abgestorbene Rosetten abschneiden. Nach der Blüte schneiden Sie den Blütenschaft im Trichter ab.
Schädlinge:	Ausnahmsweise Thrips. Meistens sind die Pflanzen wenig von Schädlingen und Krankheiten betroffen. Durch Gießen mit hartem Wasser entstehen Kalkablagerungen in der Rosette. Dadurch wird die Nahrungsaufnahme behindert und die Pflanze stirbt ab.
Besonderheiten:	Keine

Aechmea fulgens

Lanzenrosette

Gattung:	Bromeliaceae, Ananasgewächse, Bromelien
Heimat:	Brasilien
Wuchsform:	Genau wie die Aechmea fasciata wächst diese Art epiphytisch in den tropischen Regenwäldern Brasiliens. Sie unterscheidet sich wenig von der vorhergehenden Art. Die Blätter sind bis zu 40 cm lang und können bis 6 cm breit werden. Aechmea fulgens hat weniger Stacheln an den Blättern. Die Blüten sind rot mit blauer Spitze.
Verwendung:	Standort, Pflege und Vermehrung sind für beide Aechmeen gleich.

Agave
Agave

Gattung:	Agavaceae, Agavengewächse. In älteren Werken findet man die Agaven noch unter den Amaryllidaceen.
Heimat:	Mexiko und tropische Gegenden Amerikas.
Wuchsform:	Agaven bilden meist bodenbeständige Rosetten mit fleischigen, von Stacheln bewehrten Blättern, die bis zu 1,50 m erreichen können. In ihrer Heimat werden die Agaven für viele Zwecke kultiviert. Eine Agavenart liefert den Sisalhanf, aus andern Arten bereiten die Mexikaner ihr Nationalgetränk, den Pulque sowie den Schnaps Mescal. Die Getränke werden aus dem Saft der Pflanze gewonnen. Angeblich kann man aus einer Pflanze bis zu einem Fuder Pulque gewinnen. Die Agave americana, auch hundertjährige Agave genannt, ist in den Mittelmeergebieten verwildert. Sie verdankt ihren Namen dem späten Auftreten ihrer Blüte. Wenn auch hundert Jahre übertrieben sind, so kann man den Zeitpunkt der Blüte nicht genau bestimmen. Es gibt Pflanzen, die schon nach 8 bis 10 Jahren blühen, andere brauchen dazu 60 Jahre. Vor der Blüte legen die Agaven in ihren Blättern große Nahrungsreserven an. Nur so ist es möglich, daß sich innerhalb kurzer Zeit ein kandelaberartiger Blütenstand von gelbgrüner Farbe entwickelt, der bis zu 10 Meter hoch werden kann. Nach der Blüte sterben die Pflanzen ab. Neben der Agave americana mit ihren grünen Blättern mit gelbem Rand, gibt es eine Reihe zierlicher Arten, die sich für die Zimmerkultur eignen. Es sind dies: Agave decipiens, die Blätter mit einem hellem Band in der Mitte und bräunlichen Stacheln hat, die Agave filifera, deren Blattrand mit braunen Fasern besetzt ist. Agave victoriae regis mit krummen Stacheln und gefalteten Blättern. Agave potatorum, deren Blätter nur bis zu 15 cm erreichen und einen stacheligen Rand haben. Diese Art ist von graugrüner Farbe und besitzt sehr gefährliche, bis zu 3 cm lange spitze Enddorne.
Verwendung und Standort:	Agaven eignen sich, mit Ausnahme der kleineren Arten, nur in ihrer Jugend als Zimmerpflanzen. Meistens findet man sie als Kübelpflanzen in Wintergärten und Terrassen. Der Standort muß sonnig und hell sein. Arten, die im Zimmer gehalten werden, lieben Südfenster unter der Bedingung, daß oft gelüftet wird. Die sehr spitzen und harten Dorne an den Enden der Blätter können für Kleinkinder und Haustiere gefährlich werden. Während des Sommers dürfen die Agaven ruhig im Freien gehalten werden.
Wärme:	Agaven lieben im Sommer luftige Wärme. Im Winter soll die Temperatur nicht

	über 10 Grad liegen, aber auch nicht unter 5 Grad fallen. Am besten überwintern sie in einem hellen, trockenen Kellerraum oder in einem nicht stark geheizten Treppenhaus am Fenster.
Wasserbedarf:	Agaven werden während des Sommers feucht gehalten. Sie müssen jedoch vermeiden, daß die Rosette in stauender Nässe liegt, da leicht Fäulniserscheinungen auftreten können. Deshalb ist es besser, öfters zu gießen und nur wenig Wasser auf einmal zu geben. Während des Sommers sind die Pflanzen für ein leichtes Übersprühen dankbar. Trockene Luft macht ihnen jedoch nichts aus. Im Winter wird nicht gesprüht.
Düngung:	Agaven erhalten ab März bis September jede 2. Woche 3 g/l Volldünger. Im Winter wird die Düngung komplett eingestellt.
Erde:	Agaven gedeihen am besten in Einheitserde, die im Verhältnis von 2:1 mit Schwemmsand vermischt wurde (2 Teile Einheitserde / 1 Teil Sand).
Umpflanzung:	Agaven werden nur in der Jugend umgepflanzt. Die beste Zeit ist der Winter. Während der ersten 4 bis 5 Jahre sollten Sie jährlich umpflanzen, später nur alle 5 bis 6 Jahre. Sehr alte Pflanzen werden nur umgetopft, wenn die Wurzeln nach oben drängen, weil der Kübel zu klein geworden ist.
Vermehren:	Die Vermehrung erfolgt durch Kindel, die bei älteren Pflanzen regelmäßig gebildet werden. Die unterirdischen Wurzelstöcke bilden seitliche Austriebe, die auch zur Vermehrung benutzt werden können.
Schnitt:	Keiner. Abgestorbene Blätter werden ausgezogen.
Schädlinge:	Keine.
Pflegefehler:	Bei zu dunklem, zu warmem oder zu feuchtem Winterquartier entsteht Fäulnis. Ist beim Eintopfen die Bewurzelung schlecht, so werden die unteren Blätter gelb und geschrumpft.
Besonderheiten:	Gefährlich durch Stacheln. Geeignet für Hydrokultur.

Aloe arborescens

Brandbaum

Gattung:	Liliaceae, Liliengewächse.
Heimat:	Südafrika, Madagaskar, Arabien.

Wuchsform:	Der Brandbaum bildet einen dicht-beblätterten Stengel aus, der in den Wildformen fast immer verzweigt, bei Kulturformen jedoch meistens unverzweigt bleibt. Deshalb finden wir oft die Bezeichnung einer Rosette, wegen der sehr dicht stehenden Blätter, die den Stengel verdecken. Die Blätter der Aloe arborescens sind dick, fleischig und laufen in einer feinen Spitze aus. Die Ränder sind mit dreieckigen Stacheln besetzt. Die Blattfarbe ist blaugrün. Die Blüten sind leuchtend rot, können bis 4 cm lang werden und stehen in dichten Büscheln. Sie erscheinen von März bis Juni.
Verwendung und Standort:	Der Brandbaum ist eine sehr leicht zu haltende Zimmerpflanze, die auch dem Anfänger Freude bringt. Sie liebt einen hellen Platz, soll jedoch in der Mittagszeit vor Sonne geschützt werden. Im Freien, wo sie sich während der Sommermonate wohlfühlt, verträgt Aloë einen sonnigen Platz.
Wärme:	Während des Sommers soll die Pflanze warm und luftig stehen. Ab Oktober wird sie an einem hellen Platz bei Temperaturen zwischen 5 und 10 Grad überwintert. Als Wüstenpflanze verträgt der Brandbaum trockene Zimmerluft.
Wasserbedarf:	Im Frühjahr wird die Erde leicht feucht gehalten. Während des Sommers wird reichlich gegossen. In der Winterruhe wird die Pflanze trocken gehalten. Die Erde darf nur leicht feucht sein, Aloë ist sehr empfindlich gegen Fäulnis. Die Pflanze darf nicht besprüht werden. Gießwasser darf nicht auf die Blätter gelangen. Gießen Sie deshalb in den Unterteller.
Düngung:	Von März bis Anfang September erhält die Pflanze 3 g/l Volldünger jede 2. Woche. Im Winter wird nicht gedüngt.
Erde:	Aloë liebt Einheitserde, die zu einem Drittel mit Schwemmsand vermischt wurde.
Umpflanzung:	Jedes 3. oder 4. Jahr. Eine Drainageschicht von Kies oder Blähton auf dem Topfgrund trägt viel zum Wohlbefinden der Pflanzen bei.
Vermehrung:	Durch Samen im Frühjahr oder durch Blattstecklinge. Verschiedene Arten können ebenfalls durch Ableger vermehrt werden. Bei der Vermehrung durch Blattstecklinge müssen die Schnittstellen vor dem Einstecken in die Erde während 3 bis 4 Tagen austrocknen.
Schnitt:	Runzlig oder gelb gewordene Blätter werden herausgeschnitten. Normalerweise ist kein Schnitt notwendig.
Hydrokultur:	Aloë arborescens eignet sich nicht besonders zur Hydrokultur, da die Pflanze trocken und kühl überwintert werden muß. Als junge Zimmerpflanze ist die Aloë jedoch gut in der Hydrokultur zu halten.
Besonderheiten:	Aloë enthält Aloin, das in der Heilkunde Verwendung findet. In der Hausapotheke wurde Aloë als Wundsalbe, als Abführmittel und als Salbe gegen Ekzeme verwendet. Daher findet man noch oft den Namen Wundkaktus. Aloësaft wurde ebenfalls zur Likörherstellung benutzt. Im Altertum wurden Mischungen aus Aloë, Myrrhe und Zimt zum Parfümieren der Kleider verwendet. Der Name Brandbaum stammt von ihrer Verwendung als Brandsalbe.

Aloe variegata

Aloë, Bitterschopf, Tigeraloë

Gattung:	Liliaceae, Liliengewächse.
Heimat:	Südafrika, Madagaskar und Arabien.
Wuchsform:	Diese Art von Aloë wird 30 bis 40 cm hoch. Sie hat sehr dichtgestellte, starre, dreieckige Blätter, die in Dreierreihen um das Zentrum angeordnet sind. Die

	Blätter sind dunkelgrün mit hellen, unregelmäßigen Streifen und manchmal auch weißlichen Flecken. Die Blüten sind rot und stehen in lichten Trauben auf einem langen Schaft.
Verwendung und Standort:	Aloë variegata ist eine sehr dankbare Zimmerpflanze für helle, sonnige Fenster, die jedoch gegen Mittag beschattet werden sollen. Sie verträgt trockene Zimmerluft.
Wasserbedarf:	Wie Aloë arborescens, muß jedoch noch vorsichtiger gegossen werden. Stauende Nässe in der Rosette führt zu Fäulnis.
Pflege:	Alle anderen Pflegemaßnahmen sind die gleichen wie für Aloë arborescens.

Ananas comosus

Ananas

Gattung:	Bromeliaceae, Ananasgewächse, Bromelien.
Heimat:	Südamerika.
Wuchsform:	Ananas wird in den tropischen Gegenden der Welt zur Gewinnung der Ananasfrucht kultiviert. Damit die Früchte heranreifen, muß die Bodentemperatur über 20 Grad liegen, die Luftfeuchtigkeit sehr hoch sein und tropische Regengüsse in schneller Folge auf sie niedergehen. Diese Bedingungen können im Zimmer nicht künstlich geschaffen werden. Deshalb werden in unseren Gegenden Ananaspflanzen nur als Zierpflanzen im Zimmer verwendet. Sie blühen genau wie die Bromelien, setzen eventuell auch kleine Früchte an, die sich aber schnell verfärben und dann absterben. Die fleischigen, langen und schmalen Blätter sind an den Rändern mit Stacheln versehen. Sie bilden eine Rosette, deren Durchmesser bis 1 Meter betragen kann. Die Sorte Ananas comosus variegatus hat grüne Blätter, deren Rand von einem gelben Streifen umgeben ist. Die Stacheln sind zahlreicher und härter. Diese Art blüht sehr spät und setzt nur in außergewöhnlich guten Verhältnissen Früchte an (Blumenfenster). Die sehr seltenen Blüten der Ananas comosus sind rosarot und stehen an einem kurzen Schaft über der Rosette.
Verwendung und Standort:	Ananas liebt einen hellen, halbschattigen Standort. Ein Südfenster, das während der Mittagsstunden schattiert werden kann, sagt ihr besonders zu. Wie alle Bromelien gedeiht Ananas am besten in einem Blumenfenster.

Wärme:	Die Pflanze liebt Temperaturen zwischen 25 und 30 Grad im Sommer. Im Winter darf die Temperatur nicht unter 18 Grad fallen.
Wasserbedarf:	Ananas liebt ein häufiges Übersprühen mit lauwarmem, kalkfreien Wasser. Im Trichter soll immer eine Wasserreserve stehen. Auch hierzu wird nur kalkfreies Wasser verwendet, damit keine häßlichen Kalkflecken entstehen. Die Erde wird nur mäßig feucht gehalten.
Düngung:	Gedüngt wird mit einem Flüssigdünger, der dem Gießwasser zugesetzt wird. Am besten eignet sich Hydrokulturdüngelösung. Geben Sie alle 14 Tage 0,5 gr/l.
Erde:	Am besten eignet sich Einheitserde.
Umpflanzung:	Normalerweise erübrigt sich ein Umpflanzen. Größere Pflanzen werden im Sommer in flache Schalen umgesetzt.
Vermehrung:	Durch Kindel, die von der Mutterpflanze getrennt werden. Wenn Sie im Sommer von frischen Ananasfrüchten den Schopf abschneiden und bei Temperaturen über 24 Grad in Einheitserde pflanzen, erhalten Sie eine schöne Ananaspflanze, die unter günstigen Bedingungen nach 5 bis 6 Jahren zum Blühen kommt.
Schnitt:	Die Kindel werden von der Mutterpflanze getrennt und als Stecklinge zur Vermehrung gebraucht. Abgeblühte Fruchtstände werden aus dem Trichter geschnitten.
Eignung zur Hydrokultur:	Wie alle Bromelienarten wachsen Ananaspflanzen besonders gut in Hydrokultur.
Besonderheiten:	Nach dem Verblühen sterben die Pflanzen langsam ab. Dieser Prozeß dauert jedoch ein bis zwei Jahre, so daß man während dieser Zeit Ananaspflanzen noch als Grünpflanzen pflegen kann.

Anthurium

Flamingoblume

Gattung:	Araceae, Aronstabgewächse
Heimat:	Guatemala, Costa Rica.
Wuchsform:	Die Pflanze hat aufrechtstehende, immergrüne Blätter, die auf kurzen Stielen in einer Rosette stehen. Die Blüte ist ein spiralig gedrehter, gelblicher Kolben, der von einem leuchtend roten Hochblatt umgeben ist. Bei der kleinen

Flamingoblume ist der Kolben matt (Anthurium scherzeranum), bei der großen ist er glänzend gelb (Anthurium andreanum). Von beiden Arten gibt es Hybriden, die sich leicht im Zimmer pflegen lassen. Eine sehr verbreitete, kletternde Art ist Anthurium aemulum mit grünvioletten Hochblättern und geteilten Blättern. Wegen ihrer sehr schön gezeichneten herzförmigen, dunkelgrünen Blätter mit silbriger Nervung wird Anthurium crystallinum in Blumenfenstern und Wintergärten gehalten. Für einfache Zimmerkultur ist diese Pflanze zu empfindlich. Ihre Blüte ist unansehnlich weiß-grün.

Verwendung und Standort:	Flamingoblumen sind, mit Ausnahme der Art crytallinum, ausdauernde, dekorative, leicht zu pflegende Zimmerpflanzen. Sie lieben hohe Luftfeuchtigkeit, gedeihen aber auch in trockener Zimmerluft. Sie lieben einen hellen bis schattigen Standort. Direktes Sonnenlicht vertragen die Pflanzen nicht. Sie blühen von Februar bis Juli.
Wärme:	Während des ganzen Jahres ziemlich warm. Im Sommer soll die Temperatur um 22 bis 24 Grad liegen, im Winter um 18 Grad.
Wasserbedarf:	Flamingoblumen lieben durchlässige Erde. Deshalb müssen sie oft und reichlich gegossen werden. Am besten ist ein Bad in lauwarmem Regenwasser (oder abgestandenem Wasser) jeden zweiten bis dritten Tag. Das Wasser muß kalkfrei sein. Steigt der ph-Wert des Bodens über 5, so vergilben die Blätter und fallen ab. Im Winter wird weniger gegossen.
Düngung:	Flamingoblumen sind sehr salzempfindlich. Die Düngung soll deshalb sehr spärlich sein. Am besten eignet sich flüssiger Dünger für Hydrokulturen oder kalkfreier, organischer Dünger. Während des Sommers erhält die Pflanze 2 g/l jede 14 Tage. Der Dünger darf nur auf feuchte Erde ausgebracht werden.
Erde:	Flamingoblumen lieben eine poröse, durchlässige und humose Erde. Am besten eignet sich Einheitserde, wovon 2 Teile mit je einem Teil Sand und Torf vermischt werden.
Umpflanzen:	Anthurium soll alle zwei Jahre im Frühling umgepflanzt werden. Die Pflanze liebt flache Töpfe oder Schalen. Pflanzen Sie nie zu tief. Beschädigte oder verfaulte Wurzeln schneiden Sie beim Umtopfen ab.
Vermehrung:	Ältere Pflanzen werden geteilt. Die Teilung erfolgt durch einen sauberen Schnitt durch die Mitte der Pflanze. Die Schnittstelle wird mit Holz- oder Tierkohle desinfiziert.
Schnitt:	Schneiden Sie verblühte Blumen am Grunde der Pflanze ab.
Hydrokultur:	Anthurium eignet sich sehr gut für Hydrokultur. Am besten gedeiht Anthurium andreanum. Erfahrene Zimmerpflanzenfreunde bringen es zuwege, die sehr empfindliche Anthurium crystallinum im Zimmer zu halten.
Besonderheiten:	Keine.

Asparagus

Spargel
Graasstack

Gattung:	Liliaceae, Liliengewächse.
Heimat:	Südafrika, Natal.
Wuchsform:	Der Zierspargel ist eine dicht verzweigte halbstrauchförmige Pflanze von leuchtendgrüner Farbe. An runden Stielen sitzen kantige Zweige. An diesen Zweigen sitzen je 3 bis 5 nadelförmige bis 3 cm lange 2 mm breite Seitenverzweigungen zusammen. Diese haben die Funktion der Blätter, die zu kleinen Stacheln degeneriert sind, übernommen. Die kleine, weiße, stark duftende Blüte hat orangerote Staubgefäße und erscheint nur an älteren Pflanzen. Am verbreitetsten ist die Sorte: Asparagus sprengeri. A. plumosus, Federspargel und A. setaceus sind ähnlich in der Form, jedoch schwieriger im Zimmer zu halten. Sie gedeihen besser in einem Blumenfenster.
Verwendung und Standort:	A. sprengeri ist eine anspruchslose, leicht zu pflegende Topf- und Ampelpflanze. Ihre Zweige hängen leicht über. Sie liebt einen sonnigen Platz und benötigt einen großen, freien Raum, um sich ungehindert ausbreiten zu können. Im Sommer kann sie im Freien aufgestellt werden. Im Zimmer liebt sie während der Wachstumszeit frische Luft. Zugluft verträgt sie nicht.
Wärme:	Im Sommer braucht die Pflanze normale Zimmertemperatur, im Winter soll sie bei 10 bis 12 Grad hell gehalten werden. Unter 10 Grad soll die Temperatur nicht fallen.
Wasserbedarf:	Während der Wachstumsperiode muß die Pflanze reichlich gegossen werden. Bei großer Hitze soll immer Wasser im Unterteller stehen. Der Spargel schützt sich vor Austrocknen durch Speicherwurzeln, die einen Wasserreservoir darstellen. Im Winter oder in kühleren Perioden des Sommers wird weniger gegossen.
Düngung:	Asparagus ist ein Starkzehrer. Während der Wachstumszeit von März bis August erhält die Pflanze jede Woche 5 gr/l Volldünger. In kühleren Perioden des Sommers soll dieser Dünger stickstoffarm sein. In warmen Perioden soll der Stickstoffanteil höher sein.
Erde:	Am geeignetesten ist Einheitserde. Für größere Pflanzen in Kübeln kann man 3 Teile Gartenerde mit einem Teil Torf mischen.
Umpflanzen:	Der Zierspargel ist ein starker Wurzelbildner. Deshalb muß er jährlich umgetopft werden. Die alten, abgestorbenen Wurzeln werden entfernt und die verbrauchte Erde wird zwischen den Wurzeln entfernt. Umgetopft wird im Februar-März, kurz vor Triebbeginn.

Vermehrung:	Durch Samen und durch Teilung alter Pflanzen.
Schnitt:	Asparagus liebt einen Verjüngungsrückschnitt. Sie können bei dieser Arbeit das Nützliche mit dem Angenehmen verbinden. Wenn Sie während des Sommers Schnittblumen aus dem Garten haben, so können Sie einzelne Zweige des Zierspargels als Gründekor zu diesen Sträußen verwenden. Dadurch wird der Spargel zur Bildung junger Triebe angeregt.
Hydrokultur:	Sehr gut für Hydrokultur geeignete Pflanze. Da sie ein Starkzehrer ist, muß das Lewatit HD5 öfters erneuert werden.
Schädlinge und Krankheiten:	Das Gelbwerden der Seitenzweige ist auf einen zu dunklen Stand, auf Ballentrockenheit oder Temperaturschock zurückzuführen. Bei Zugluft und zu warmem Stand wird der Spargel oft von Läusen und Spinnmilben befallen.
Schnitt:	Bei Vergilbung, Geilwuchs oder zu großer Ausdehnung dürfen Sie Zierspargelpflanzen bis über die Erde zurückschneiden. Es entsteht sofort ein Neuaustrieb und die Pflanze ist wieder verjüngt.
Besonderheiten:	Keine.

Aspidistra elatior

Schusterpalme, Metzgerpalme
Jonggesellestack

Gattung:	Liliaceae
Heimat:	China und Südjapan
Wuchsform:	Aus einem dickfleischen Wurzelstock wachsen große, lanzettliche, spitz auslaufende, immergrüne Blätter auf kurzen Stielen. Die violetten Blüten sind unscheinbar und liegen am Boden.
Verwendung und Standort:	Die Schusterpalme ist eine genügsame, wenig pflegebedürftige Pflanze. Der luxemburgische Name „Junggesellenpflanze" weist auf diese Eigenschaft hin. Die Pflanze wächst überall, sogar in der dunkelsten Ecke eines Zimmers. Nur der plötzliche Wechsel zwischen dunklem und hellem Standort läßt sie verkümmern. Will man die Schusterpalme an einen helleren Standort bringen, so muß man sie langsam an immer mehr Licht gewöhnen. Aspidistra gedeiht in Fluren, Treppenhäusern, Geschäften und Werkstätten, daher der deutsche Name. Die Pflanze kann während des Sommers an einem halbschattigen Platz im Freien aufgestellt werden.

Wärme:	Normale Zimmertemperatur, aber auch kühler und wärmer.
Wasserbedarf:	Während des Sommers wird regelmäßig gegossen. Es darf aber niemals Wasser im Unterteller stehen bleiben. Die Schusterpalme verträgt Trockenheit aber niemals stauende Nässe. Während des Winters wird die Pflanze wenig gegossen. Sie verträgt trockene Zimmerluft, wächst aber viel besser, wenn ab und zu die Blätter übersprüht oder abgewaschen werden.
Düngung:	Während des Sommers erhält die Pflanze jede 2. Woche 3 g/l eines Volldüngers. Die Sorte variegata mit weiß oder gelb gestreiften Blättern erhält nur die Hälfte, da sie sonst ihre Verfärbung verliert und ganz grün wird.
Erde:	Aspidistra liebt leicht saure Erde. Man nimmt am besten eine Mischung aus 3 Teilen Einheitserde und einem Teil Torf oder Lauberde.
Umtopfen:	Jedes dritte Jahr wird die Pflanze in nicht zu große Töpfe oder in flache Schalen umgepflanzt.
Vermehrung:	Man vermehrt die Pflanze durch Teilen des fleischigen Rhizoms. Dabei müssen Sie darauf achten, daß jeder Teil mindestens 3 Blätter behält. Geteilt wird im Mai-Juni beim Umtopfen.
Schnitt:	Nicht erfordert.
Schädlinge:	Schnecken an Jungpflanzen, die im Freien stehen. Vergilben der Blätter bei plötzlichem Wechsel von dunklem auf hellen Standort.
Besonderheiten:	Manche Arten blühen unter der Erde.

Asplenium nidus

Nestfarn
Faarstack

Gattung:	Polypodiaceae, Tüpfelfarngewächse
Heimat:	Australien, Polynesien, Südasien und Ostafrika
Wuchsform:	Die bis zu 80 cm langen, lanzettlichen, hellgrünen Blätter stehen stiellos in trichterförmigen Gruppen zusammen. Auf der Unterseite zwischen Blattrippe und Rand entwickeln sich die bräunlichen Sporenbehälter. Die jungen Blätter rollen sich im Innern des Trichters von unten her auf. In seiner Heimat wächst das Nestfarn als Halbschmarotzer auf den Bäumen.
Verwendung und Pflege:	Wie Adiantum, Frauenhaarfarn, mit Ausnahme der Temperatur, die ein wenig höher liegen soll und im Winter nicht unter 12 Grad fallen darf.

Aucuba japonica
Goldorange, Aukube

Gattung:	Cornaceae, Hartriegelgewächse.
Heimat:	Japan
Wuchsform:	Aukuben sind strauchartige Gewächse, die in ihrer Heimat bis zu 4 Meter hoch werden. Sie haben ledrige, einfache gezähnte Blätter von dunkelgrüner Farbe. Manche Arten sind gelb gestreift oder gefleckt. Die Pflanze bleibt auch während des Winters grün. Die Blüten sind unscheinbar weiß. Im Herbst ist die Aukube mit roten Beeren besetzt, die sehr dekorativ wirken und lange halten. Voraussetzung ist natürlich eine gute Bestäubung der Blüte. Aukuben sind zweihäusig. Sie müssen also eine männliche und eine weibliche Pflanze zusammensetzen, damit Früchte entstehen können.
Verwendung und Standort:	Nür Jungpflanzen eignen sich für die Zimmerkultur. Ältere Aukuben werden in Kübel gepflanzt und sind ideale Pflanzen für die Terrasse und den Balkon. In geschützten Lagen kann man Aukuben sogar das ganze Jahr über im Garten stehen lassen. Im Winter sind sie dankbar für einen Schutz aus Tannenreisig. Im Zimmer soll die Pflanze halbschattig bis schattig stehen. Die Temperatur kann sowohl kühl als auch warm sein. Nur im Winter darf die Aukube nicht über 16 Grad warm sein. Während des Winters sollen die Pflanzen ein wenig heller stehen, da sie sonst leicht vergilben. Im Freien vertragen Aukuben auch volle Sonne, vorausgesetzt, daß sie langsam eingewöhnt wurden.
Wärme:	Im Sommer kühl bis warm. Im Winter zwischen 4 und 6 Grad.
Wasserbedarf:	Aukuben werden im Sommer reichlich gegossen. Im Winter werden die Wassergaben etwas eingeschränkt. Während des Sommers sind die Pflanzen dankbar für gelegentliches Übersprühen.
Düngung:	Während der Wachstumszeit zwischen März und September erhält die Pflanze alle 14 Tage 3 bis 4 g/l eines normalen Volldüngers.
Erde:	Am besten eignet sich Einheitserde. In Kübeln kann jedoch auch gute Gartenerde verwendet werden.
Umpflanzen:	Nur junge Pflanzen sollen jedes 2. Jahr umgepflanzt werden.
Vermehrung:	Durch Kopfstecklinge im Februar oder August bei 24 Grad Wärme.

Schnitt:	Junge Pflanzen werden durch Rückschnitt der Triebe kleiner und buschiger. Bei älteren Pflanzen schneiden Sie ab und zu einige Triebe heraus um eine Verjüngung der Pflanze zu erreichen. Wenn die unteren Blätter abgefallen sind, können Sie durch Rückschnitt eine neue Belaubung der kahlen Stellen bewirken.
Hydrokultur:	Nicht besonders geeignet für diese Kulturart.
Schädlinge:	Bei zu warmem Standort wird die Aukube von Spinnmilben befallen.
Besonderheiten:	Zweihäusig. Die männlichen und die weiblichen Blüten wachsen auf verschiedenen Pflanzen.

Auracaria excelsa

Zimmertanne
Zömmerdänn

Gattung:	Araucariaceae, Araucariengewächse.
Heimat:	Norfolk Inseln, Australien und Südamerika.
Wuchsform:	In ihrer Heimat wird die Araucaria bis zu 60 cm hoch. Sie wächst pyramidenförmig. Die Zimmeraraucaria hat diese Wuchsform beibehalten. Die Äste stehen in Quirlen und haben vierkantige, spitze Nadeln. Als Zimmerpflanze kommt die Araucaria nicht zum Blühen. In Wuchsform und Aussehen gleicht die Zimmertanne einem kleinen Weihnachtsbaum. Schon in meiner Jugend war die Araucaria eine sehr verbreitete Zimmerpflanze, die auch in den Bauernstuben zu finden war. Leider ist diese Grünpflanze in der Gunst der Liebhaber gefallen und wurde durch die vielen neuen Arten von Zimmerpflanzen, die in den Blumenläden angeboten werden, verdrängt.
Verwendung und Standort:	Die Pflanze liebt einen halbschattigen bis schattigen Platz, der im Winter aber nicht zu dunkel sein darf. Während der Sommermonate kann die Zimmertanne an einem geschützten Ort im Freien aufgestellt werden. Am besten im Schatten von Bäumen oder Sträuchern. Im Zimmer braucht sie einen freien Raum, damit die Seitenäste in ihrer Ausdehnung nicht behindert werden.
Wärme:	Zimmertannen sollen kühl und luftig stehen. Temperaturen um 20 Grad sagen ihr am meisten zu. Während der Ruheperiode im Winter darf die Temperatur zwischen 5 und 10 Grad liegen, soll aber nicht über 15 Grad hinausgehen.

Wasserbedarf:	Während des Sommers sollten Sie die Zimmertannen nicht zu oft, dann aber sehr reichlich gießen. Der Ballen darf nie austrocknen. Im Winter wird weniger gegossen, ohne daß jedoch der Ballen austrocknet. Das Wasser muß kalkfrei sein. Während der Wachstumszeit, wenn die jungen Triebe sich entwickeln, sind die Pflanzen für ein Übersprühen dankbar. Während der übrigen Zeit nehmen sie mit normaler Zimmerluft vorlieb.
Düngung:	Zwischen März und August geben Sie jede 3. Woche 3 g/l eines kalkfreien Düngers. Am besten eignet sich Rohododendron oder Tannendünger. Düngelösungen für Hydrokultur werden auch gut vertragen.
Erde:	Zimmertannen lieben leicht saure Erde (ph-Wert 5- 5,5). Am besten eignet sich eine Mischung aus 2 Teilen Einheitserde mit je einem Teil Torf und lehmiger Rasenerde.
Umpflanzung:	Zimmertannen werden in ihrer Jugend alle 3 Jahre, später in noch größeren Abständen umgetopft. Es muß darauf geachtet werden, daß der Stamm nicht zu tief in die Erde gesenkt wird. Die Erde darf nur bis zum Wurzelansatz reichen.
Vermehrung:	Das Vermehren von Araucarien ist nur in Spezialbetrieben möglich. Für Liebhaber kann eine Vermehrung durch Samen vorgenommen werden. Die Keimzeit beträgt 4 Monate.
Schnitt:	Zimmertannen dürfen nicht beschnitten werden. Wenn der Spitzentrieb abgeschnitten wurde, bildet die Pflanze auch keine Seitenäste mehr.
Hydrokultur:	Die Pflanze eignet sich für Hydrokultur, kann aber nur durch Umstellung von Erdkultur auf Hydrokultur gezüchtet werden, es sei denn, Sie kaufen fertige, in Spezialbetrieben durch Hydrokultur vermehrte Pflanzen.
Besonderheiten:	Keine.

Begonia rex

Blattbegonie, Rexbegonie
Blaatbegoonjen

Gattung:	Begoniaceae, Schiefblattgewächse.
Heimat:	Tropische Regionen Asiens.
Wuchsform:	Aus einer dicken rhizomartigen Wurzel, wachsen auf langen behaarten Stielen große schön gezeichnete Blätter. Die Fülle der Züchtungen ist so groß, daß die

Sorten unüberschaubar geworden sind. Die rosa bis roten Blüten stehen in Trauben. Die Pflanze ist zweihäusig, d.h. es gibt männliche und weibliche Pflanzen.

Verwendung und Standort:	Begonien lieben einen hellen Standort, dürfen aber nicht von der Sonne erreicht werden. Sie gedeihen gut in Schalen, wo sie zu mehreren Pflanzen zusammengepflanzt werden können. Rexbegonien dürfen nicht gedreht werden. Der Lichteinfall muß immer von der gleichen Seite kommen.
Wärme:	Während des ganzen Jahres soll die Temperatur um 20 Grad sein. Im Winter schaden einige Grade weniger nicht. Keinesfalls darf die Temperatur unter 14 Grad fallen.
Wasserbedarf:	Während des Sommers regelmäßig mit enthärtetem Wasser gießen. Im Winter den Topfballen immer feucht halten. Nur zimmerwarmes Wasser verwenden. Beim Gießen müssen Sie darauf achten, daß die Blätter nicht naß werden, da sonst Fäulnisgefahr besteht. Rexbegonien lieben feuchte Luft. Es ist deshalb ratsam, die Wasserschalenmethode anzuwenden.
Düngung:	Von Februar bis Oktober erhält die Pflanze jede Woche 2 g/l eines Blumendüngers.
Erde:	Am besten eignet sich Einheitserde.
Umtopfen:	Topfen Sie die Pflanze jedes Jahr vor oder nach der Blüte um, also im Januar oder im Mai.
Vermehrung:	Im Juli und August durch Blattstecklinge. Auf Einheitserde gelegte Blätter, die an den Nerven eingeschnitten werden, bilden Adventivpflanzen. (Siehe Kapitel: Vermehrung)
Schnitt:	Vergilbte Blätter werden herausgeschnitten.
Schädlinge:	Bei trockenem Stand wird die Rexbegonie leicht von Thrips befallen. Rote Spinnen sind ein Zeichen von zu sonnigem Stand.
Besonderheiten:	Keine.

Begonia × tuberhybrida

Knollenbegonien
Knollebegoonjen

Gattung:	Begoniaceae, Begoniengewächse, Schiefblattgewächse.

Heimat:	Südamerika.
Wuchsform:	Krautiger Strauch mit einer bis zu 5 cm Durchmesser erreichenden Knolle. Die Blätter sind groß und schief. Die Form der Blätter ist meistens herzförmig und gezähnt. Andere Blattformen kommen auch vor. Die Blüten sind einfach oder gefüllt von weißer, gelber, roter, orange oder weißer Farbe. Sie haben gekräuselte oder gefranste Blütenkronen.
Verwendung/ Standort:	Knollenbegonien werden vor allem für den Garten und die Balkonbepflanzung gebraucht. In luftigen Räumen können Sie sie jedoch auch als Zimmerpflanze kultivieren. Sie müssen einen hellen Platz haben, dürfen aber nicht von der prallen Sonne erreicht werden.
Wärme:	Begonien brauchen normale Zimmertemperatur. Im Winter trocknet das Laub ein. Schlagen Sie die Knollen dann bis zum Februar in einem kühlen Keller in Torf ein, der aber nicht feucht sein darf. Ab Februar treiben Sie die Knollen an einem hellen, kühlen Platz vor und pflanzen sie später in Töpfe. Dann pflegen Sie sie bei Zimmertemperatur weiter.
Wasserbedarf:	Während des Sommers gießen Sie regelmäßig aber nicht viel. Der Topfballen muß immer feucht sein, es darf jedoch keine Staunässe entstehen. Ab September stellen Sie das Gießen ein, da die Pflanze ja eintrocknen muß.
Düngung:	Von März bis August jede 2. Woche 2 g/l eines Blumendüngers.
Erde:	Am besten eignet sich eine Mischung aus 2 Teilen Einheitserde und einem Teil Torf.
Umtopfen:	Die Knolle wird zuerst in fast trockenem Substrat vorgetrieben und ab März in Töpfe gepflanzt.
Vermehren:	Durch Nebenknollen, durch Teilen der Knollen und durch Blattstecklinge.
Schnitt:	Verblühte Blütenstände müssen regelmäßig herausgeschnitten werden.
Schädlinge:	Begonien werden sehr oft von Thrips und Blattläusen befallen.
Hydrokultur:	Knollenbegonien eignen sich wegen ihrer Kulturform nicht für Hydrokultur. Blattbegonien und Lorrainebegonien sind jedoch für Hydrokultur zu empfehlen.
Besonderheiten:	Keine.

Ceropegia woodii
Leuchterblume

Gattung:	Asclepiadaceae, Seidenpflanzengewächse.
Heimat:	Afrika.
Wuchsform:	Die Leuchterblume bildet lange, sehr dünne, windende oder herabhängende Stengel an denen gegenständige, nierenförmige, an der Oberseite an den Blattnerven weißlich gefleckte, sonst dunkelgrüne Blätter bilden. In den Blattachseln findet man oft kleine fleischige Brutknollen. Die Blüte erscheint von Januar bis Dezember. Sie besteht aus einer am Grunde stark verdickten fleischfarbenen Röhre, die sich an der Spitze in fünf Zipfel teilt, deren Spitzen wieder miteinander verwachsen sind. Dadurch entstehen fünf Fenster. Die eigenartige Form der Blüte hat der Pflanze ihren Namen gegeben.
Verwendung und Standort:	Die Leuchterblume liebt einen sonnigen, warmen aber luftigen Stand im Zimmer. Auch während des Sommers soll sie nicht ins Freie gestellt werden. Sie kann sowohl als Ampel- wie auch als Spalierpflanze gebraucht werden. Idealer Standort ist ein Südfenster mit ganzjähriger Sonneneinstrahlung.
Wärme:	Leuchterblumen lieben warme Zimmer, gedeihen jedoch auch in kühleren Räumen. Im Winter darf die Temperatur jedoch nicht unter 12 Grad fallen.
Wasserbedarf:	Während des Sommers gieße ich mäßig und vermeide vor allem stehende Nässe. Als Sukkulente ist die Pflanze widerstandsfähig gegen Trockenheit, leidet aber Schaden durch übermäßige Nässe. Im Winter halte ich die Leuchterblume fast trocken. Sie verträgt trockene Zimmerluft während des ganzen Jahres.
Düngung:	Von April bis Anfang August erhalten meine Leuchterblumen jede Woche 1 g/l eines Blumendüngers.
Erde:	Ich verwende Einheitserde, die zur besseren Drainage mit einem Drittel Schwemmsand gemischt wird.
Umtopfen:	Leuchterblumen werden alle zwei Jahre im Februar umgetopft.
Vermehrung:	Die Vermehrung der Leuchterblumen ist ganz unproblematisch. Triebspitzen werden abgeschnitten und zu 5 bis 10 in einen Topf mit einem Blumenerde-Sandgemisch gesteckt. Wichtig ist, daß die Stecklinge nach dem Abnehmen während einiger Stunden eintrocknen gelassen werden. Die Brutknollen, die sich in den Blattachseln bilden, können auch zur Vermehrung benutzt werden. Man pflanzt sie mit einem Triebende in ein Gemisch von Einheitserde und Sand.

Schädlinge:	Keine. Durch übermäßiges Gießen faulen die Wurzeln.
Eignung zur Hydrokultur:	Gute Hydrokulturpflanze.

Chlorophytum

Grünlilie, Graslilie

Gattung:	Liliaceae, Liliengewächse
Heimat:	Südafrika
Wuchsform:	Aus einem kurzen dicken Wurzelstock entwickeln sich 20 bis 40 cm lange lanzettliche, spitz auslaufende Blätter. Es gibt sehr viele Arten, die sich durch die Farbe ihrer Blätter unterscheiden. Es gibt solche mit grünen Blättern aber auch andere, deren Mittelstreifen weiß ist, oder deren Ränder von weißer oder gelblicher Farbe sind. Am bekanntesten ist die Art comosum (sternbergianum). Sie hat einen weißen Mittelstreifen. Die kleinen weißen Blüten erscheinen vom Frühjahr bis zum Sommer. Sie stehen auf langen gelblichen Stielen, an denen sich ebenfalls kleine Jungpflanzen entwickeln. Durch das Gewicht dieser Jungpflanzen neigt sich der Stiel nach unten, so daß die Pflanze als Ampelpflanze ihre schönste Pracht entfaltet. Die Art bichetii hat grüne Blätter mit weißgelblichem Rand. Sie bildet keine Ausläufer.
Verwendung und Standort:	Die Pflanze ist ziemlich anspruchslos in der Pflege. Sie kann sowohl als Topf- als auch als Ampelpflanze verwendet werden. Sie liebt einen hellen halbschattigen Standort, darf aber kein direktes Sonnenlicht erhalten. Im Winter soll die Grünlilie so hell wie möglich stehen.
Wärme:	Während des ganzen Jahres normale Zimmertemperatur.
Wasserbedarf:	Während der Monate Februar bis September wird reichlich gegossen. Im Winter wird sehr spärlich gegossen. Die Art bichetii wird ganz eintrocknen gelassen. Die Grünlilie verträgt trockene Zimmerluft, ist aber während der Sommermonate dankbar für gelegentliches Übersprühen.
Düngung:	Von März bis Oktober geben Sie 2-3 g/l eines Blumendüngers auf die feuchte Erde.
Erde:	Verwenden Sie am besten Einheitserde ohne jeglichen Zusatz.
Umpflanzen:	Jedes zweite Jahr werden die Grünlilien in breite Töpfe umgepflanzt. Ist der Topf zu eng, so hebt sich die Pflanze heraus.

Vermehrung:	Durch kräftige Jungpflanzen, die sich an den Ausläufern und Blütenstielen gebildet haben. Die Sorte bichetii wird durch Teilung vermehrt.
Schnitt:	Die Pflanze soll so weit wie möglich nicht geschnitten werden. Die Tochterpflänzchen sollen an der Pflanze bleiben. Wenn Sie Ihre Grünlilie nicht als Ampelpflanze halten, können Sie Ausläufer und Blütenstiele an Spalieren hochziehen. Nur zur Abnahme von Jungpflanzen sollen Sie die Ausläufer abschneiden.
Hydrokultur:	Die Pflanzen eignen sich sehr gut zur Hydrokultur.
Schädlinge und Pflegefehler:	Bei zu hoher Salzkonzentration oder wenn Dünger auf einen ausgetrockneten Ballen gebracht wird, werden die Blattspitzen braun. Bei Lichtmangel, zu viel Nässe oder trockener Zugluft wird die Grünlilie von Blattläusen oder von Schildläusen befallen.
Besonderheiten:	Eigenartig ist die Bildung von Tochterpflanzen.

Cissus

Klimme, Russischer Wein, Känguruhwein
Russesche Wäin, Zömmerrief

Gattung:	Vitaceae, Weinrebengewächse.
Heimat:	Die verschiedenen Arten stammen aus den tropischen und subtropischen Gebieten der Erde. (Australien, Afrika, Südamerika) Sehr viele der in den Urwäldern wachsenden Lianen gehören zu den Cissus-Arten.
Wuchsform:	Die Fülle der Cissus-Arten hat es mit sich gebracht, daß sich je nach Heimat verschiedene Wuchsformen entwickelt haben. Die Palette reicht vom normalen kletternden Strauch über kletternde Sukkulenten bis zu nichtkletternden Sukkulenten. Da die sukkulenten Arten nur in Blumenfenstern und Gewächshäusern gepflegt werden können, will ich sie im Rahmen dieses Buches nicht beschreiben. Die robusteste und weitverbreitetste Art der Klimme ist die Art C. antartica. Sie ist ein sehr raschwachsender kletternder Strauch, der sich mit Haftnäpfchen an Wänden und Spalieren festhält. Die Blätter sind sattgrün, spitz auslaufend und am Rande gezähnt. Die Nerven sind deutlich ausgeprägt. Die unscheinbaren Blüten stehen in Rispen. Genauso verbreitet ist die Art C. rhombifolia. Die Blätter sind dreigeteilt von glänzend grüner Farbe. An der Unterseite der Blätter

stehen bräunlich-rote Haare, die der Pflanze einen rötlichen Schimmer verleihen. Die aus Natal stammende Pflanze hat keine Haftnäpfchen. Sie ist empfindlicher als die C. antartica. Weniger verbreitet, jedoch leicht zu pflegen ist die Art. C. striata. Der Strauch windet sich um ein Spalier. Er hat kleine drei- bis fünfteilige Blätter, deren Einzelteilchen in der oberen Hälfte gezähnt sind. Die Blätter stehen an gestreiften Zweigen.

Sehr schön, aber auch sehr schwer zu pflegen ist die Art C. discolor. Diese aus Java stammende, schnell wachsende Art hat an roten Zweigen bis 15 cm lange, länglich herzförmige, samtartig glänzende Blätter von purpurvioletter Farbe mit grauen Flecken. Sie eignet sich am besten für Gewächshäuser und Blumenfenster, gedeiht aber auch im Zimmer, wenn sie ganz intensiv gepflegt wird.

Verwendung und Standort:	Alle Cissusarten, die oben beschrieben wurden, lieben einen schattigen Standort. Nordfenster oder Ecken des Zimmers, die auf der Gengenseite des Fensters liegen, sind die richtigen Plätze für die kletternden Sträucher. C. discolor gedeiht nur in gleichmäßig warmen Badezimmern, mit hoher Luftfeuchtigkeit. Im normal geheizten Zimmer verkümmert sie.
Wärme:	C. antartica ist am wenigsten empfindlich. Sie gedeiht bei normaler Zimmertemperatur genau so gut wie bei Temperaturen, die im Winter sogar bis auf 6 bis 8 Grad fallen können. C. rhombifolia braucht normale Zimmertemperatur, die im Winter nicht unter 12 Grad fallen darf. C. discolor braucht eine gleichbleibende Temperatur von 20 bis 22 Grad.
Wasserbedarf:	Klimmen müssen regelmäßig gegossen werden. Stauende Nässe oder übertriebenes Gießen vertragen sie nicht. Im Winter soll weniger gegossen werden, der Ballen darf aber nie austrocknen. Alle Klimmen vertragen normale Zimmerluft mit Ausnahme der Art. C. discolor, die eine hohe Luftfeuchtigkeit benötigt.
Düngung:	Klimmen erhalten von März bis September jede Woche 2-3 g/l eines Blumendüngers. Während der Ruheperiode im Winter darf nicht gedüngt werden.
Erde:	Einheitserde sagt den Klimmen zu. Sie können jedoch auch eine leichte Gartenerde mit ein wenig Schwemmsand mischen.
Umpflanzen:	Klimmen sollen jedes Jahr, aber wenigstens jedes 2. Jahr umgepflanzt werden. Die Pflanzen können am Spalier angebunden bleiben. Nehmen Sie die Pflanze mit dem Ballen aus dem alten Topf und pflanzen Sie sie, ohne die Erde abzuschütteln in einen mit frischer Erde aufgefüllten, größeren Topf.
Vermehrung:	Alle Klimmen werden durch Kopfstecklinge vermehrt. Sie brauchen sehr viel Wärme und feuchte Luft, damit sie anwachsen. Es ist deshalb ratsam über den Stecklingskasten eine durchsichtige Folie zu spannen. C. discolor benötigt zum Bewurzeln eine Temperatur von mindestens 28 Grad, was nur mit Spezialkasten zu erreichen ist. (Siehe unter: Kopfstecklinge)
Schnitt:	Damit man buschige Pflanzen erhält, sollen junge Klimmen immer zurückgeschnitten werden. Dadurch entstehen viele Seitenverzweigungen.
Hydrokultur:	Cissusarten eignen sich gut für die Hydrokultur. Während des Winters soll der Wasserstand nie über die Marke optimal (zwischen Maximum und Minimum) steigen.
Schädlinge:	Braune Flecken an den Blättern entstehen bei übermäßigem Gießen während des Winters. Daneben werden die Klimmen von Blattläusen, Thrips und Spinnmilben befallen, wenn der ihr zugedachte Standplatz ihr nicht zusagt.
Besonderheiten:	Keine.

Citrus

Orangen, Zitronenbäumchen
Orangebeemchen, Zitrounebeemchen

Gattung:	Rutaceae, Rautengewächse
Heimat:	Indien, Indonesien
Wuchsform:	Die Citrusarten, es gibt deren mehr als 20, sind kleine strauchartige Pflanzen oder baumartige Sträucher. Verschiedene Arten tragen Dornen. Die Blätter sind ledrig, glänzend grün, länglich oval und bleiben das ganze Jahr hindurch an den Pflanzen. Die wohlriechende kleine Blüte ist weiß. Citruspflanzen blühen und fruchten gleichzeitig fast das ganze Jahr hindurch. Je nach Art sind die Früchte den Orangen oder den Zitronen ähnlich. Citrus aurantia hat pomeranzenähnliche Früchte, während Citrus taitensis limonia zitronenähnliche Früchte von orangener Farbe hat. Am verbreitesten ist die Art Citrus sinensis mit kleinen Apfelsinen und Citrus limon mit winzigen Zitronen. Citrus japonica (Kumquat) und C. margarita wurden früher auch zu den Citrusarten gerechnet, aber heute unter dem Namen Fortunella japonica und Fortunella margarita geführt. Erstere hat zitronartige Früchte, letztere trägt orangeähnliche Früchte von ovaler Form. Die Früchte der Fortunella-Arten sind eßbar. Die Citrusarten sind zu bitter zum Verzehr.
Verwendung und Standort:	Alle oben genannte Arten lieben helle sonnige Fenster. Obschon die in den Mittelmeerländern angebauten Apfelsinen- und Zitronenbäumchen als Grünpflanzen im Zimmer gut wachsen, bringen sie selten Blüten und Früchte. Die aus Indien stammenden Fortunella-Arten blühen jedoch das ganze Jahr und fruchten gleichzeitig. Desgleichen die Arten, die oben angeführt wurden. Es lohnt sich also nur als Experiment, Orangekerne oder Zitronenkerne zu säen um Zimmerpflanzen zu züchten. Auf solche Art gezogenen Unterlagen kann man aber andere Citrusarten propfen, die dann blühen und fruchten. Während des Winters soll man den Standort wechseln und die Citruspflanzen an einen hellen, kühlen Ort ohne direkte Sonnenbestrahlung stellen.
Wärme:	Citrus-Arten lieben in der Wachstumsperiode normale Zimmertemperatur. Während des Winters soll die Temperatur um 10 bis 15 Grad liegen. Nur die Fortunella japonica verträgt Temperaturen, die knapp über dem Gefrierpunkt liegen. Alle Citruspflanzen sind empfindlich gegen Zugluft.
Wasserbedarf:	Während der Wachstumsperiode im Sommer wird reichlich gegossen. Achten Sie aber darauf, daß niemals stauende Nässe entsteht.
Düngung:	Von März bis September erhalten die Pflanzen jede Woche 2 bis 4 gr/l eines Blumendüngers. Im Winter wird nicht gedüngt.

Erde:	Am besten eignet sich die Einheitserde. Mistbeeterde gemischt mit Sand und Torf sagt den Citrusarten ebenfalls zu.
Umpflanzen:	Da die Pflanzen sehr schnell wachsen, pflanze ich sie jedes Jahr nach der Winterruhe in größere Töpfe.
Vermehren:	Für den Laien ist die Vermehrung sehr umständlich. Wer Experimente liebt, soll sich junge Pflanzen aus Samen ziehen und die Stammpflanze auf diese Sämlingsunterlage propfen.
Schnitt:	Damit buschige Pflanzen entstehen, schneide ich die Citrusarten während der Ruheperiode im Winter stark zurück. Das Gleiche mache ich, wenn durch Pflegefehler die immergrüne Pflanze ihre Blätter verloren hat.
Eignung zur Hydrokultur:	Diese Eignung ist noch nicht genug erprobt. Ein Experiment lohnt sich.
Schädlinge:	Bei stickiger Luft, durch Zugluft oder bei zu hohen Wintertemperaturen werden die Citrusarten von Blattläusen, Thrips und Milben befallen. Wenn Sie nicht oft genug umpflanzen, entstehen Chlorosen (Blattverfärbungen) durch mangelnde Spurenelemente. Durch Lichtmangel oder Gießfehler wirft die Pflanze ihre Blätter ab.
Besonderheiten:	Keine.

Cleredendrum (früher Clerendendron) Thomsoniae

Cleredendrum. Losbaum

Gattung:	Verbenaceae. Eisenkrautgewächse
Heimat:	Tropisches Afrika, Asien.
Wuchsform:	Cleredendrum thomsoniae ist ein windender Strauch mit sommergrünen, spitzen, eiförmigen, ganzrandigen Blättern, deren Oberseite stark gefurcht ist. Die Blätter sind gegenständig. Die Blüten erscheinen von März bis Juni. Sie bestehen aus wie aufgeblasene erscheinenden grün-weißen Kelchblättern mit roten Blütenkronen, aus denen die Staubgefäße weit herausragen. Die röhrenförmige Blütenkrone ist außen behaart. Sie fällt sehr schnell ab, aber die dekorativen Kelchblätter verbleiben während Monaten an der Pflanze und geben ihr ein besonderes Aussehen.

Verwendung und Standort:	Cleredendrum liebt einen halbschattigen, hellen Platz ohne direkte Sonnenbestrahlung während der Tagesmitte. Sie benötigt große Spaliere, da sie bis zu 4 Meter hoch werden kann. Im Zimmer wird sie jedoch durch Schnitt kleiner (60 bis 80 cm) gehalten.
Wärme:	Während des Sommers stehen meine Losbäume bei normaler Zimmertemperatur. Im Winter soll die Umgebungstemperatur zwischen 10 und 15 Grad betragen. Ab Februar wird die Temperatur schrittweise auf normale Zimmertemperatur erhöht. Wird diese Ruheperiode, bei niedrigen Temperaturen, zwischen Dezember und Februar nicht eingehalten, so bringt der Losbaum keine Blüten hervor.
Wasserbedarf:	Während des Sommers halte ich die Pflanze regelmäßig feucht. Daneben übersprühe ich während dieser Periode die Pflanze täglich mit lauwarmem Wasser. Ab September schränke ich die Wassergaben ein. Während der Monate Dezember bis Januar lasse ich die Pflanze ganz trocken. Ab Februar beginne ich wieder mit Gießen. Zuerst vorsichtig und ab März wieder normal.
Düngung:	Von März bis August gebe ich der Pflanze 3 g/l eines Blumendüngers. Gedüngt wird nur auf den feuchten Topfballen.
Erde:	Ich verwende Einheitserde.
Umtopfen:	Alle zwei bis drei Jahre wird der Losbaum Ende Januar umgetopft.
Vermehrung:	Die Pflanze wird durch krautige Stecklinge im Frühjahr vermehrt. (Mai)
Schnitt:	Vor dem Austrieb im Februar werden die Losbäume stark zurückgeschnitten. Blüten erscheinen nur an einjährigen Trieben.
Schädlinge:	Die Pflanzen werden oft von der roten Spinne befallen.
Besonderheiten:	Während der Ruheperiode wirft der Losbaum seine Blätter ab.
Eignung zur Hydrokultur:	Empfehlenswerte Hydrokulturpflanze.

Clivia

Riemenblatt
Jousefsstack

Gattung:	Amaryllaceae, Amaryllisgewächse
Heimat:	Südafrika

Wuchsform:	Clivien haben fleischige Wurzeln. Durch die verdickten Blattscheiden ist der Stamm zwiebelartig ausgebuchtet. Die Blätter wachsen zweizeilig aus diesem kurzen Stamm. Sie sind bis 5 cm breit, sehr lang und von dunkelgrüner, glänzender Farbe. In der Mitte der Pflanze wächst ein abgeflachter langer Stengel hervor, der große, trichterförmige Blüten trägt.
Verwendung und Standort:	Die Clivie ist eine anspruchslose Pflanze, die ich besonders Anfängern anrate. Sie liebt einen hellen Fensterplatz, darf aber nicht von der vollen Sonne beschienen werden, da sonst unschöne Flecken an den Blättern entstehen. Der Lichteinfall soll immer von der gleichen Seite erfolgen. Deshalb darf die Clivie nicht umgedreht werden. Ich versehe deshalb meine Clivien mit einer Markierung zur Zimmerseite hin, damit die Pflanze immer wieder den gleichen Standort behält.
Wärme:	Clivien lieben Wärme. Die Temperatur soll nicht unter 16 Grad fallen. Dies ist besonders wichtig während der Entwicklung der Blüten. Bei niedrigeren Temperaturen bleibt die Blüte zwischen den Blättern sitzen. Wenn ich dieses feststelle, gieße ich die Pflanze stark mit lauwarmem Wasser und erhöhe die Umgebungstemperatur. Der Stengel beginnt dann sofort wieder zu wachsen. Während der Ruheperiode verträgt die Clivie Temperaturen bis zu 12 Grad. Unter diesen Wert darf die Temperatur niemals fallen. Clivien vertragen jedoch auch Zimmertemperatur während der Ruheperiode.
Wasserbedarf:	Clivien werden während der Wachstumsperiode von Januar bis August reichlich gegossen. Ich vermeide jedoch stauende Nässe, damit die dicken, fleischigen Wurzeln nicht verfaulen. Während der Ruheperiode von September bis Januar muß die Pflanze trocken gehalten werden. Ich gebe nur so viel Wasser, daß die Wurzeln nicht austrocknen. Wird dieser Wasserentzug vergessen, so blüht die Clivie nicht. Trockene Zimmerluft schadet ihr nicht. Sie ist jedoch dankbar für ein regelmäßiges Sprühen nach der Blütezeit bis zur Ruheperiode.
Düngung:	Meine Clivien erhalten jede Woche 2 g/l Volldünger in der Zeit von März bis August.
Erde:	Einheitserde eignet sich vorzüglich für Clivien. Damit die fleischigen Wurzeln nicht durch Staunässe verfaulen, mische ich die Einheitserde mit Sand im Verhältnis 4:1.
Umtopfen:	Meine Jungpflanzen werden jedes Jahr umgetopft, die älteren nur alle 3 bis 4 Jahre. Clivien zeigen an, wenn sie einen größeren Topf benötigen. Die Wurzeln quellen dann aus der Erde heraus. Beim Umtopfen lege ich eine Schicht aus Blähton oder Kies auf den Grund des Topfes um eine gute Drainage zu bewirken.
Vermehrung:	Durch bewurzelte Kindel, die sich an den älteren Pflanzen entwickeln. Beim Abnehmen der Kindel achte ich peinlichst darauf, die Wurzeln der Mutterpflanze nicht zu verletzen. Ebenso versuche ich, der Jungpflanze so viel wie möglich Wurzeln zu erhalten. Kindel dürfen niemals zu früh abgenommen werden. Aus Samen gezogene Pflanzen werden 2 bis 3 Jahre ohne Ruheperiode durchkultiviert.
Schnitt:	Nach der Blüte wird der Stengel am Grunde der Pflanze abgeschnitten. Bei schwächeren Pflanzen schneide ich nur die Blütenstände ab. Der Stengel übernimmt bis zum Absterben die Funktion eines Blattes. Erst wenn der Stengel verdorrt ist, wird er herausgeschnitten.
Eignung zur Hydrokultur:	Clivien sind beliebte Hydrokulturpflanzen. In der Erde gezüchtete Pflanzen lassen sich leicht durch Auswaschen der Erde auf Hydrokultur umstellen.
Besonderheiten:	Keine.

Coleus

Buntnessel
Brennesselstack

Gattung:	Labiateae, Lippenblütler
Heimat:	Asien, Afrika.
Wuchsform:	Die heute angebotenen Coleusarten sind Hybriden, entstanden aus Pflanzen verschiedener Herkunft. Der mehrjährige, vierkantige Stengel trägt viele, rundlich-spitze, gezähnte Blätter, die dicht mit weichen Haaren besetzt sind. Die Pflanze ähnelt in ihrer Form der heimischen Brennessel. Die Blätter sind jedoch lebhaft in Tönen gefärbt, die von braunrot über rot bis zu gelb und grün übergehen. Die Blüte ist unscheinbar. Die Pflanze wächst krautartig.
Verwendung und Standort:	Coleusarten sind anspruchslose Zimmerpflanzen, die auch von Anfängern leicht gepflegt werden können. Sie lieben volle Sonne und können sowohl auf Südfenstern als auch auf sonnigen Balkonen und Terassen gehalten werden. Bei Lichtmangel verliert die Pflanze ihre bunte Färbung.
Wärme:	Coleusarten lieben eine normale Zimmertemperatur. Im Winter darf diese jedoch nicht unter 16 Grad abfallen. Balkon oder Terassenpflanzen müssen im Winter warm und hell untergebracht werden. Große Temperaturschwankungen während des Tages beantwortet die Pflanze mit Abwerfen der Blätter.
Wasserbedarf:	Coleuspflanzen werden während der Wachstumsperiode täglich gegossen. Von September bis Januar hat die Pflanze ihre Ruheperiode. Während dieser Zeit wird ein bißchen weniger gegossen. Ich gieße die Buntnessel nur mit abgestandenem, entkalktem Wasser, oder mit Regenwasser. Während der warmen Jahreszeit wird sie täglich überbraust. Bei trockenem Wurzelballen oder zu trockener Luft fallen die Blätter ab.
Düngung:	Meine Coleuspflanzen erhalten jede 2. Woche 3 gr/l eines Blumendüngers. Während der Ruheperiode wird die Düngung eingestellt.
Erde:	Am besten eignet sich Einheitserde oder Spezialerde für Balkonkästen. Ich verwende auch Mistbeeterde mit Torf und Lauberde (Bëschbuedem) gemischt.
Umtopfen:	Coleus werden jedes Jahr im Februar umgetopft. Bei starkem Wuchs muß oft im Juni ein zweites Mal umgetopft werden.
Vermehrung:	Coleus vermehren sich im März und im April leicht durch Kopfstecklinge.
Schnitt:	Beim Umtopfen werden die Pflanzen kräftig zurückgeschnitten. Schneiden Sie die Spitzen der Triebe im Laufe des Sommers ab, um ein buschiges Wachstum zu erzielen.

Eignung zur Hydrokultur:	Ausgezeichnete Hydrokulturpflanze, die sich hier prächtig entwickelt.
Schädling:	Blattläuse, Thrips und weiße Fliege.
Besonderheiten:	Keine.

Cordyline
Keulenlilie

Gattung:	Agavaceae, Agavengewächse.
Heimat:	Indien, Indonesien, Australien.
Wuchsform:	Die Keulenlilie wird oft als eine Art der Dracaena angesehen, da beide die gleiche Wuchsform haben. Die Blüte ist jedoch röhrenförmig. Keulenlilien wachsen in ihrer Heimat zu 4 bis 12 Meter hohen Bäumen heran (im Zimmer bleiben sie jedoch weitaus niedriger). Die Art C. australis hat rötliche Blätter mit einer hellgrünen Mittelrippe. Ältere Exemplare haben einen der Dracaena ähnlichen Stamm. Die Blätter der Art C. indivisa haben eine rote Mittelrippe und mattgrüne Ränder. Sie sind ungestielt. Die Art C. terminalis hat langgestielte Blätter, die verschiedenfarbig sind. Diese Art wächst strauchartig, bildet also keinen Stamm. In Blumenläden wird diese Art als Cordyline verkauft, während die andern oft fälschlicherweise als rote Dracaena bezeichnet werden.
Verwendung und Standort:	Keulenlilien lieben einen hellen Standort, vertragen jedoch keine direkte Sonnenbestrahlung. Wegen ihrer Größe eignet sich die Art C. australis nur als Jungpflanze für das normale Zimmer. Ältere Exemplare sind wertvolle Pflanzen für Veranden und Wintergärten. In großen Wohnräumen lassen sich Keulenlilien gut verwenden. Auch auf Terrassen und Balkonen kann man die Keulenlilie verwenden. Sie werden dann während des Winters frostfrei in einem hellen Raum überwintert. Die Art C. indivisa wird nicht so groß wie die vorhergenannte, braucht aber den gleichen Standort und eignet sich ebenfalls für große Wohnräume, Terrassen, Veranden und Balkone. Die Art C. terminalis wird nicht sehr groß und kann auch im Alter noch als normale Zimmerpflanze verwendet werden. Die weißen, wohlriechenden Blüten stehen in Rispen und sind nur sehr selten im Zimmer zu sehen.
Wärme:	Während des Sommers lieben die Keulenlilien einen luftigen Standort bei normaler Zimmertemperatur. Die Arten australis und indivisa dürfen auch im

	Freien aufgestellt werden. Diese Arten überwintern am besten bei Temperaturen um 10 bis 12 Grad. Die Art C. terminalis braucht während des Sommers Temperaturen zwischen 22 und 25 Grad und überwintert bei 18 Grad. Diese Art kann deshalb nur im Zimmer oder im Blumenfenster gehalten werden.
Wasserbedarf:	Während des Sommers wird die Keulenlilie regelmäßig gegossen, ohne die Erde triefend naß zu machen. Während der Ruheperiode im Winter wird sie weniger gegossen. Keulenlilien der Art australis und indivisa vertragen längere Trockenperioden und gedeihen auch bei mangelnder Luftfeuchtigkeit. Die Art C terminalis liebt es, ab und zu übersprüht zu werden. Sie verträgt trockene Heizungsluft nicht sehr gut. Vorbeugend wird während der Winterzeit die Wasserschalenmethode angewendet.
Düngung:	Von April bis August erhalten alle Keulenlilien jede 2. Woche 3 bis 4 g/l eines normalen Blumendüngers. Danach wird die Düngung eingestellt, damit die Pflanze sich auf die Winterruhe vorbereiten kann.
Erde:	Keulenlilien werden in Einheitserde oder in ein Gemisch aus Mistbeeterde, Torf und Lauberde gepflanzt. Dieser Mischung wird ein wenig Hornmehl als Nährstoffreserve zugesetzt.
Umtopfen:	Keulenlilien werden jedes zweite Jahr umgetopft, am besten im März, vor dem Beginn des Wachstums. Beim Verpflanzen dürfen die brüchigen, fleischigen Wurzeln nicht verletzt werden.
Vermehrung:	Alle Keulenlilien lassen sich durch Kopfstecklinge vermehren. Der Samen von blühenden Pflanzen kann ebenfalls zur Vermehrung verwendet werden.
Schnitt:	Bei den baumartig wachsenden Arten australis und indivisa kann man die Spitze abschneiden. Dadurch erreichen Sie eine Verzweigung. Die Pflanze bildet Seitentriebe und wächst dann in die Breite. Bei der Art terminalis wird die Spitze abgeschnitten, um ein buschigeres Wachstum zu erzielen. Der Schnitt ist aber nicht unbedingt erfordert. Ich selbst liebe die natürliche Form der Arten und schneide nicht.
Eignung für Hydrokultur:	Keulenlilien eignen sich sehr zur Hydrokultur. Kopfstecklinge werden einfach in die Hydrokulturtöpfe eingeplant. Sie wachsen dort ohne Schwierigkeit an.
Schädlinge:	Bei zu warmem und zu trocknem Standort leiden Keulenlilien unter Schildlausbefall. Vergilben der Blätter ist es meistens auf Pflegefehler zurückzuführen.
Besonderheiten:	Keine.

Cyclamen persicum

Alpenveilchen
Alpevioul

Gattung:	Primulaceae, Primelgewächse.
Heimat:	Gebirge des östlichen Mittelmeeres.
Wuchsform:	Das Alpenveilchen wächst krautig aus einer nur unten bewurzelten Knolle. Die Blätter sind dunkelgrün mit graugrünen Flecken. Sie sitzen auf langen, rötlichen Stielen. Die Blüten erscheinen über den Blättern. Sie befinden sich auf langen kräftigen Stielen. Die meist rot, violett, rosa aber auch weiß gefärbten Kronblätter sind nach hinten zurückgeschlagen. Alpenveilchen blühen fast das ganze Jahr hindurch. Je nach Pflege kann man die Blütezeit vom Frühwinter bis zum Spätherbst gezielt planen.
Verwendung und Standort:	Alpenveilchen werden im Sommer halbschattig, im Winter hell, jedoch ohne Sonnenbestrahlung gehalten. Es sind die idealen Pflanzen für helle Flure, Dielen und Treppenhäuser. Im geheizten Zimmer versagen sie; die Blütenknospen entwickeln sich nicht und die Blätter vergilben sehr schnell. Die schon aufgeblühten Blumen welken innerhalb von wenigen Tagen. Während des Frühsommers bringe ich meine Alpenveilchen in den Garten zwischen hohe Stauden und unter Hecken und Sträucher. Dort entwickeln sie sich prächtig und bringen im Spätherbst oder im Winter herrliche Blüten hervor. Ab Mitte Juli, wenn die Hitze im Garten für das Alpenveilchen unerträglich wird, nehme ich sie wieder ins Haus und stelle sie an der Nordseite an ein Fenster im Treppenhaus. Ab Oktober kommen dann die ersten Blüten. Die Flor zieht sich oft bis in den Monat April hin.
Wärme:	Alpenveilchen sind Gebirgspflanzen. Sie lieben keine hohen Temperaturen. Von November bis Februar genügen 10 bis 12 Grad; während der übrigen Zeit des Jahres soll die Temperatur zwischen 12 und 16 Grad liegen. Zu hohe Temperaturen verhindern die Knospenbildung. Der Mißerfolg vieler Pflanzenfreunde ist fast immer auf zu warmen Standort zurückzuführen. Während der warmen Sommermonate achte ich immer auf eine gute Belüftung des Standortes, besonders während der Nacht. Durchzug ist ein Feind aller Pflanzen und muß unbedingt vermieden werden.
Wasserbedarf:	Das Alpenveilchen liebt leicht sauren Boden. Ich nehme deshalb nur abgestandenes Wasser zum Gießen. Zu hoher Kalkgehalt des Gießwassers führt zu Vergilbung der Blätter. Die leicht faulende Knolle darf auf der Oberseite nicht mit Wasser in Berührung kommen. Ich gieße deshalb immer in den Unterteller. Nach einer Stunde wird das nicht aufgesaugte Wasser abgeschüttet. Wenn der

Ballen einmal ausgetrocknet ist, wird der Topf bis zum Rande in ein Gefäß mit Wasser getaucht. Bei Pflanzen, die während des Spätherbstes oder während des Winters geblüht haben, beginnt die Ruhezeit ungefähr in den Monaten April bis Mai. Die Pflanze verliert ihre Blätter und trocknet ein. Sobald dieser Prozeß beginnt, sollen Sie das Gießen einstellen. Ab Mitte Mai wird die eingetrocknete Knolle wieder in Blumenerde eingesetzt und an einen schattigen Ort in den Garten gestellt.

Düngung: Ich gebe den Alpenveilchen von Juli bis zur Blütezeit jede Woche 2 gr/l eines Blumendüngers. Sobald die Blüte beginnt, wird die Düngung eingestellt. Flüssiger Dünger kann in den Unterteller gegossen werden. Wer jedoch mit festem Blumendünger seine Pflanzen ernährt, darf diesen nur auf den feuchten Erdballen streuen.

Erde: Zum Umtopfen nehme ich eine Mischung aus schwach saurer Mistbeeterde, Lauberde und Torf. Wegen der Empfindlichkeit der Knolle gegen Feuchtigkeit mische ich ein wenig Schwemmsand unter die Erde, um eine bessere Drainage zu erreichen.

Umtopfen: Alpenveilchen werden nach dem Eintrocknen der Pflanzen in den Monaten Mai bis Juli umgetopft. Bei dieser Gelegenheit werden die alten, vertrockneten Wurzeln von der Knolle entfernt. Die Knolle darf nur so tief eingepflanzt werden, daß 2/3 ihrer Höhe aus der Erde ragen. Nach dem Umpflanzen beginne ich sofort mit dem Gießen und Düngen, im Gegensatz zu allen andern Zimmerpflanzen, die erst 6 Wochen nach dem Umtopfen gedüngt werden dürfen.

Vermehrung: Alpenveilchen werden meistens aus Samen in Spezialgärtnereien gezogen. Blumenfreunde können jedoch kräftig Knollen vor dem Umpflanzen teilen. Dabei wird die Schnittstelle mit Holzkohlenstaub desinfiziert.

Schädlinge: Alpenveilchen sind bevorzugte Wirte von Thrips und Blattläusen.

Eignung zur Hydrokultur: Alpenveilchen können in Hydrokultur kultiviert werden. Ich persönlich ziehe jedoch die Erdkultur vor, die weniger Arbeitsaufwand beim Umtopfen und Antreiben verlangt.

Besonderheiten: Um lange Freude an Alpenveilchen zu haben, muß man schon beim Kauf darauf achten, daß die Pflanze Blätter aufrechte, feste Stielen hat und daß sich am Grunde des Strauchs viele kleine Blütenknospen befinden.

Dieffenbachia
Dieffenbachie

Gattung:	Araceae, Aronstabgewächse
Heimat:	Brasilien.
Wuchsform:	Dieffenbachien wachsen baumartig. Um einen fingerdicken Stamm stehen dicht beieinander langestielte, länglich-herzförmige Blätter, die bis zu 50 cm lang werden können. Der Blattstiel ist in seinem unteren Teil als Rinne ausgebildet. Die Blätter sind je nach Art dunkel- bis hellgrün mit unregelmäßigen, weißen Flecken. Verschiedene Arten haben weißgelbe Blätter mit grünen Randzonen. Verschiedene Arten können im Zimmer 1 bis 2 m hoch werden. Bei guter Pflege bringen ältere Pflanzen Blüten hervor, die aus einem gelben Blütenkolben, umgeben von einem hellgrünen Hochblatt, besteht.
Verwendung und Standort:	Dieffenbachien sind sehr dekorative Zimmerpflanzen, die besonders in ihrer Jugend eine ansprechende Note in den Zimmergarten bringen. Sie sind ideale Pflanzen für schattige Räume, wo sie auch bei schwächerem Licht gut gedeihen. Je ausgeprägter die weißen Flecken auf den Blättern sind, desto mehr Licht benötigt die Dieffenbachie. Die Pflanze darf jedoch nie in direktem Sonnenlicht stehen, da sonst die Blätter sofort vergilben und abfallen. Alte Pflanzen werfen die unteren Blätter ab und sehen dann unansehnlich aus. Ich schneide bei solchen Veteranen die Spitze ab und stelle diese in ein Glas mit Wasser. Nach ein paar Wochen ist der Steckling bewurzelt und kann wieder eingetopft werden oder als Hydrokulturpflanze benutzt werden. Der Stamm schlägt meistens auch wieder aus und bildet dann eine buschige junge Pflanze.
Wärme:	Dieffenbachien sind Kinder der tropischen Regenwälder Amazoniens. Sie haben ein hohes Wärmebedürfnis. Im Sommer braucht die Pflanze 21 Grad, während des Winters mindestens 18 Grad bei relativ hoher Luftfeuchtigkeit.
Wasserbedarf:	Dieffenbachien gieße ich regelmäßig das ganze Jahr über. Die Erde muß immer feucht sein. Die Luftfeuchtigkeit muß sehr hoch sein, sonst vergilben die Blätter. Deshalb übersprühe ich die Blätter regelmäßig mit abgestandenem, lauwarmem Wasser. Bei trockener Heizungsluft muß die Wasserschalenmethode angewandt werden.
Düngung:	Dieffenbachien erhalten jede Woche 3 gr/l Blumendüngers.
Erde:	Dieffenbachien gedeihen am besten in Einheitserde.
Umtopfen:	Junge Exemplare topfe ich jedes Jahr, ältere alle 2 bis 3 Jahre um. Beim Umtopfen müssen geräumige Töpfe verwendet werden.

Vermehrung:	Die Dieffenbachien vermehre ich durch Kopfstecklinge, die in Wassergläser, bei Temperaturen um 22 Grad gestellt werden. Sobald sich Wurzeln gebildet haben, werden die Pflanzen in Einheitserde eingetopft und normal weiterkultiviert. Ältere Pflanzen, die unten kahl geworden sind, verjünge ich durch Abmoosen.
Schnitt:	Dieffenbachien werden nur zum Verjüngen oder zum Abnehmen von Stecklingen geschnitten.
Schädlinge:	Dieffenbachien werden leicht von der Spinnmilbe sowie von Thrips und Blattläusen befallen. Der Befall deutet fast immer auf einen zu hellen Standort hin.
Eignung zu Hydrokultur:	Fast alle meine Dieffenbachien wachsen in Hydrokultur. Anstatt die Kopfstecklinge in Wassergläser zu stellen, pflanze ich sie sofort in die Hydrokultureinsätze. Dabei halte ich den Wasserstand bis zum Bewurzeln auf der Marke „Maximum". Dieffenbachien in Hydrokultur vertragen die trockene Heizungsluft viel besser als solche in Erdkultur.
Besonderheiten:	Dieffenbachienblätter von gesunden Pflanzen weinen. An den Spitzen der Blätter bilden sich regelmäßig kleine Tropfen, die abfallen. Diese Tränen sind giftig und können bei Tieren und Kleinkindern Augenentzündungen hervorrufen, wenn die Flüssigkeit ins Auge gerät. Ebenso können bei ganz empfindlichen Personen Hautreizungen entstehen, wenn die Tränen mit der Haut in Berührung kommen.

Dizygotheca elegantissima

Fingeraralie

Gattung:	Araliaceae, Araliengewächse.
Heimat:	Neukaledonien.
Wuchsform:	Die Fingeraralie ist ein kleiner, bis zu 50 cm hoher immergrüner Strauch. Der Stamm ist rötlich-olivgrün. Die langgestielten, dunkelolivgrünen Blätter sind handförmig in schmale, stark gezähnte lanzettliche Einzelblättchen geteilt.
Verwendung und Standort:	Fingeraralien sind, besonders in ihrer Jugend, sehr anspruchsvoll und lassen si nur schwer im Zimmer akklimatisieren. Jungpflanzen gedeihen am besten in einem Blumenfenster bei hohen Temperaturen und großer Luftfeuchtigkeit. Ältere Pflanzen können bei guter Pflege auch in einem normalen Zimmer

gehalten werden. Sie lieben einen hellen Standort, dürfen aber nicht von der Sonne beschienen werden. Während des Sommers soll oft gelüftet werden, ohne daß jedoch Zugluft entsteht. Im Winter darf die Pflanze nie von einem kalten Luftstrom getroffen werden. Die Art D. kerchoveana, die von den Südseeinseln stammt und an ihren blaßgrünen Stengeln mit weißer Mittelrippe zu erkennen ist, kann nur im Blumenfenster mit Erfolg gezogen werden.

Wärme: Fingeraralien lieben normale Zimmertemperaturen, die im Winter jedoch nie unter 17 bis 18 Grad fallen dürfen.

Wasserbedarf: Fingeraralien müssen regelmäßig gegossen werden. Dabei darf die Erde nie zu naß sein, aber auch nicht austrocknen. Ich gieße jeden Tag ein wenig. Zu stark oder zu wenig gegossene Fingeraralien werfen innerhalb von wenigen Tagen ihre Blätter ab. Die Luftfeuchtigkeit muß hoch sein. Deshalb empfehle ich für diese Pflanze unbedingt eine Wasserschalenmethode. Während des Sommers übersprühe ich die Pflanze mit lauwarmem, abgestandenem Wasser.

Düngung: Die Fingeraralien erhalten von März bis September jede 2. Woche 3 gr/l eines normalen Blumendüngers. Während der schlechten Jahreszeit darf nicht gedüngt werden.

Erde: Fingeraralien pflanze ich in Einheitserde, der ein wenig Schwemmsand zugefügt wird, um ein Vergießen zu vermeiden.

Umtopfen: Fingeraralien werden jedes 2. bis 3. Jahr in knapp bemessene Töpfe verpflanzt. Sie tun dies am besten vor Wachstumsbeginn im März.

Vermehrung: Vermehrt wird die Pflanze durch Samen. Da die Sämlinge zusätzlich noch gepropft werden müssen, lohnt sich eine Vermehrung bei Amateuren nicht.

Schnitt: Wenn durch einen Pflegefehler eine Fingeraralie kahl geworden ist, so rate ich, sie kräftig zurückzuschneiden. Aus dem Reststamm kommen neue Triebe und es entsteht eine buschige Jungpflanze, die meistens besser an die normale Zimmeratmosphäre angepaßt ist als die fertig gekauften Pflanzen.

Schädlinge: Fingeraralien werden oft von Spinnmilben und von Blattläusen befallen.

Eignung zur Hydrokultur: Fingeraralien können in Hydrokultur gehalten werden. Die Umstellung von Erdkultur auf Hydrokultur soll möglichst bei jungen Pflanzen vorgenommen werden. Am besten ist es, in Hydrokultur aufgezogene Pflanzen zu kaufen.

Besonderheiten: Bei guter Pflege erscheint im Frühjahr die kleine, aber unscheinbare Blüte, aus der man Samen gewinnen kann.

Dracaena

Drachenbaum

Gattung:	Liliaceae, Liliengewächse.
Heimat:	Je nach Art stammt die Pflanze von den Kanarischen Inseln, aus den tropischen Gebieten Afrikas, aus Madagaskar oder aus dem Kongogebiet.
Wuchsform:	Dracaenen haben alle einen Stamm, aus dem riemenförmige, lange, spitz auslaufende, schmale Blätter hervorwachsen. Je nach Kulturart ist dieser Stamm ganz kurz und von oben bis unten mit Blättern besetzt oder ein aus der Heimat der Pflanze eingeführter holziger Stamm von 3 bis 7 cm Durchmesser trägt an seinem oberen Ende 2 bis 3 Schöpfe mit Blättern (Ti-plants). Die Art D. draco vor den Kanarischen Inseln hat 40 bis 60 cm lange, graugrüne Blätter, die in dichten Büscheln stehen. Sie ähneln ein wenig der Cordyline. Die Blätter werden jedoch nicht so breit. Die Art C. deremensis aus den tropischen Gebieten Afrikas hat einen kurzen Stamm mit 30 bis 40 cm langen, dunkelgrünen, leicht überhängenden Blättern. Verschiedene Sorten dieser Art haben auf den Blättern einen hellgrün bis weißlichen Mittelstreifen. Die Art D. fragrans hat dunkelgrüne schlaffe, 30 bis 40 cm lange und 3 bis 4 cm breite Blätter. Verschiedene Sorten haben einen gelben Mittelstreifen an den Blättern, andere sind mit gelben Randstreifen versehen. Viele dieser Züchtungen verlieren im Alter die Zeichnung und werden wieder dunkelgrün.
Verwendung und Standort:	Alle Dracaenen lieben einen hellen, halbschattigen Platz im Zimmer. Am besten eigenen sich Ost- oder Westfenster. Nur die Art D. fragrans verträgt einen etwas dunkleren Standort. Die Arten mit gezeichneten Blättern müssen heller stehen als solche mit dunkelgrünen Blättern. Drachenbäume vertragen keinen Durchzug. Während des Sommers dürfen Dracaenen im Freien gehalten werden, müssen jedoch ab August wieder ins Zimmer genommen werden, da in diesem Monat die Nächte schon zu kühl werden.
Wärme:	Dracaenen brauchen normale Zimmertemperaturen, die im Winter nicht unter 10 Grad für D. draco, 16 Grad für D. deremensis und 18 Grad für D. fragrans fallen dürfen. Die älteren Pflanzen sind ein wenig widerstandsfähiger als die jungen.
Wasserbedarf:	Dracaenen werden während des Sommers mäßig gegossen. Im Winter sollen Sie die Wassergaben noch ein wenig drosseln. Während der schlechten Jahreszeit erhalten meine Dracaenen nur soviel Wasser, daß die Erde nicht austrocknet. Alle Drachenbäume lieben eine hohe Luftfeuchtigkeit. Die Arten mit grünen Blättern vertragen jedoch auch trockenere Zimmerluft. Die farbigen Arten hingegen

	müssen immer wieder übersprüht oder mit lauwarmem Wasser abgewaschen werden. Für diese Arten ist zu trockene Luft tödlich.
Düngung:	Ich gebe meinen Dracaenen jede 2. Woche 3 gr/l eines Blumendüngers. Von Oktober bis Februar stelle ich die Düngung ganz ein.
Erde:	Normale Blumenerde oder mit Torf gemischte Mistbeeterde sagen allen Dracaenenarten zu.
Umpflanzen:	Junge Pflanzen topfe ich jedes Jahr um, ältere jedoch nur alle 3 Jahre. Dabei achte ich besonders darauf, daß der Topf nicht zu groß ist. Besser ist es, öfters umzutopfen als zu große Töpfe zu verwenden.
Vermehren:	Dracaenen werden aus Samen gezogen. Zimmergärtner können verschiedene Arten durch Kopfstecklinge oder durch Abmoosen vermehren. Ältere Pflanzen lassen sich auch durch Stammstecklinge vermehren.
Schnitt:	Nicht erfordert.
Schädlinge:	Dracaenen leiden häufig unter Thrips und roter Spinne. Oft stellen sich auch Schildläuse als ungebetene Gäste ein.
Eignung zur Hydrokultur:	Dracaenen sind vorzügliche Hydrokulturpflanzen.
Besonderheiten:	Verschiedene als Ti-Plants (dicker Stamm mit Blattschopf) gezogene Pflanzen werden oft mit der Yucca verwechselt. Letztere ist im Winter jedoch bei Temperaturen um 5 Grad zu halten, was für Dracaenen tödlich wäre.

Euonymus japonicus

Spindelstrauch, Pfaffenhütchen

Gattung:	Celastraceae, Baumwürgergewächse, Spindelstrauchgewächse
Heimat:	Südjapan
Wuchsform:	Strauchartige Pflanze mit immergrünen, je nach Art glänzenden dunkelgrünen bis bunten grün und weißen oder grün und gelben, 3 bis 5 cm langen Blättern. Die Zweige sind vierkantig und von dunkelgrüner Farbe. Junge Pflanzen sind dekorativ als Zimmerpflanze während ältere wegen ihrer Größe nur als Kübelpflanze für Terasse und Balkon geeignet sind. Die weißen Blüten des E. japonicus werden nur sehr selten ausgebildet.

Verwendung und Standort:	Das Pfaffenhütchen liebt einen hellen, halbschattigen Platz. Im Sommer ist es vorteilhaft, die Pflanzen im Garten zu kultivieren. Wegen ihrer bunten Farben eignen sie sich sehr gut als Zwischenpflanzen in Balkonkästen.
Wärme:	Pfaffenhütchen brauchen im Sommer normale Zimmertemperaturen. Die Überwinterung erfolgt am besten an einem hellen Platz bei Temperaturen um 5 bis 8 Grad. Eine zu warme Überwinterung würde Geilwuchs und Abfallen der Blätter bewirken.
Wasserbedarf:	Im Sommer gieße ich meine Pfaffenhütchen regelmäßig, so daß die Erde immer feucht ist. Während des Winters schränke ich die Wassergaben stark ein. Der Ballen darf jedoch nie austrocknen.
Düngung:	Der Spindelstrauch ist ein Starkzehrer. Er erhält jede 2. Woche 5 gr/l eines Blumendüngers.
Erde:	Pfaffenhütchen bedürfen einer guten humosen Gartenerde, der ich beim Umtopfen eine Handvoll Knochenmehl zufüge.
Umtopfen:	Junge Pflanzen, die im Zimmer gehalten werden, pflanze ich jedes Jahr nach der Winterruhe um. Kübelpflanzen werden nur alle 2 bis 3 Jahre umgetopft.
Vermehrung:	Eine Vermehrung erfolgt durch Stecklinge im Frühjahr.
Schnitt:	Damit ein buschiges Wachstum erreicht wird, schneide ich die jungen Triebe jedes Jahr im Frühling stark zurück.
Schädlinge:	Der Spindelstrauch leidet oft unter dem Befall von Woll- und Schildläusen. Bei zu warmer Überwinterung tritt häufig Mehltau auf.
Eignung zur Hydrokultur:	Die Pflanze wird nicht in Hydrokultur gezogen.
Besonderheiten:	Keine.

Euphorbia millii

Christusdorn
Christusdar

Gattung:	Euphorbiaceae, Wolfsmilchgewächse
Heimat:	Madagascar
Wuchsform:	Die Pflanze hat fingerdicke, grau bis bräunlichgrüne Äste, die mit bis zu 1,5 cm

langen Dornen bewehrt sind. An der Spitze der Triebe sitzen die kurzstieligen, kleinen, hellgrünen, ovalen Blätter. Ebenfalls an der Spitze der Zweige bilden sich die Blütenstände mit ihren leuchtend roten Hochblättern. Die Pflanze wächst sehr langsam und kann jahrelang im Zimmer gehalten werden.

Verwendung und Standort: Der Christusdorn liebt einen hellen, sonnigen Standort am Südfenster. Während des Sommers kann er am offenen Fenster, auf dem Balkon und im Freien aufgestellt werden. Die Blüte erscheint vom März bis April. Einzelne Blüten halten während des ganzen Jahres.

Wärme: Der Christusdorn braucht während der Wachstumsperiode normale Zimmertemperaturen. Im Winter soll die Pflanze bei 15 Grad gehalten werden, damit sich die Blüten schön entwickeln.

Wasserbedarf: Von Januar bis März gieße ich nur ab und zu, damit der Ballen nicht ganz austrocknet. Ab März wird die Wassergabe ein wenig erhöht. Zwischen jedem Gießen muß die Erdoberfläche komplett austrocknen. Erst dann wird wieder gegossen Bei hohen Sommertemperaturen sind die Wassergaben ein wenig zu erhöhen. Auf übermäßiges Gießen reagiert die Pflanze mit Abwerfen der Blätter. Während der Ruheperiode von Dezember bis Januar wirft die Pflanze normalerweise die Blätter ab. Diese bilden sich bei Austrieb wieder neu. Dies ist also kein Grund, einen Pflegefehler anzunehmen.

Düngung: Von April bis September gebe ich dem Christusdorn jede zweite Woche 2 g/l eines Blumendüngers.

Erde: Die Euphorbia milii braucht Einheitserde oder Blumenerde.

Umpflanzen: Ein Umtopfen ist nur alle 3 bis 4 Jahre notwendig. Das Verpflanzen wird im zeitigen Frühjahr, bei Triebbeginn, vorgenommen.

Schnitt: Im Gegensatz zu den meisten Pflanzen aus der Familie der Wolfsmilchgewächse werden die Christusdorne nur selten zurückgeschnitten. Ist dies umständehalber notwendig, so muß die Wunde mit einem Feuerzeug zugebrannt werden, um den Austritt des milchigen Saftes zu stoppen.

Vermehrung: Die Pflanze wird durch Stecklinge vermehrt. Nach Abnahme der Stecklinge wird die Wunde an der Mutterpflanze zugebrannt. Der Steckling selbst bleibt einige Zeit frei an der Luft liegen, damit die Schnittfläche abtrocknet. Erst dann wird er in eine Mischung von Sand und Torf im Verhältnis von 1:1 gesteckt.

Eignung zur Hydrokultur: Alle Euphorbienarten sind für Hydrokultur geeignet.

Schädlinge: Fast keine. Ab und zu wird die Pflanze von Spinnmilben befallen, was aber meistens auf Pflegefehler zurückzuführen ist. Blattfall wird durch zu hellen Stand, übermäßiges Gießen und Drehen der Pflanze hervorgerufen.

Besonderheiten: Christusdorne, die nicht blühen wollen, werden im Winter zu warm gehalten. Erst bei Temperaturen unter 15 Grad bilden sich Blütenansätze ohne daß die „Kurztagmethode", die eingehend bei der folgenden Pflanze beschrieben wird, angewandt wird. Wer also keine Möglichkeit hat, seinen Christusdorn bei Temperaturen um 15 Grad zu halten, muß ihn während der Monate Dezember und Januar während mindestens 14 Stunden pro Tag absolut dunkel stellen. Der aus Wunden austretende Saft der Wolfsmilchgewächse ist giftig und ruft an den Schleimhäuten starke Verätzungen hervor. Der Saft darf also nicht in den Mund oder in die Augen gelangen.

Euphorbia pulcherrima

Weihnachtsstern, Poinsettie
Kröschtstär

Gattung:	Euphorbiaceae, Wolfsmilchgewächse.
Heimat:	Mexiko
Wuchsform:	Der Weihnachtsstern ist eine strauchartige Pflanze mit hellgrünen, oft gelappten Blättern. An den Spitzen der Triebe sitzen die Blätter dicht gedrängt zusammen und sind leuchtend rot gefärbt. Dazwischen liegen die unscheinbaren Blütenstände. Verschiedene Züchtungen haben rosa oder gelb-weiße Hochblätter.
Verwendung und Standort:	Der bis zu 1 Meter große Strauch wird hauptsächlich zur Weihnachtszeit in den Blumenläden angeboten. Er ist sehr dekorativ als Zimmerschmuck für die Adventszeit und als Ergänzung des Weihnachtsbaumes. Während des Sommers gehört die Pflanze an einen schattigen Ort im Freien. Bei richtiger Pflege kann man Weihnachtssterne jahrelang zum Blühen bringen.
Wärme:	Blühende Pflanzen halten sich am besten bei Temperaturen um 16 Grad. Bei normaler Zimmertemperatur verblüht die Pflanze schneller und wirft ihre Blätter ab.
Wasserbedarf:	Während des Sommers und während der Blütezeit gieße ich reichlich mit lauwarmem Wasser. Ab März schränke ich die Wassergaben stark ein. Sobald die Pflanze ihre Blätter abgeworfen hat, kann die Ruheperiode als abgeschlossen gelten. Verschiedene Autoren raten, die Pflanzen immer ein wenig zu gießen, damit die Blätter nicht abfallen. Ich habe jedenfalls gute Erfahrungen mit einem totalen Einstellen des Gießens gemacht.
Düngung:	Wegen ihres starken Wachstums gebe ich der Poinsettie jede Woche von Mai bis Oktober 3 gr/l eines Volldüngers.
Erde:	Poinsettien lieben Einheitserde oder ein Gemisch von Gartenerde, Torf und Knochenmehl.
Umtopfen:	Wenn die Pflanze nach der Ruheperiode ihre Blätter abgeworfen hat, wird sie umgetopft. Ich verwende immer nur knapp bemessene Töpfe. Vor dem Einsetzen wird die alte Erde von den Wurzeln abgeschüttelt.
Vermehrung:	Im Spätsommer werden Kopfstecklinge in ein Gemisch von Torf und Sand gesteckt. Die Bewurzelung erfolgt am sichersten bei Temperaturen um 25 Grad.
Schnitt:	Beim Umtopfen werden die Triebe alle bis auf 8 cm zurückgeschnitten. Damit di

	Pflanze nicht zu breit wird, lasse ich höchstens 4 Triebe stehen, die andern schneide ich am Grunde ab.
Schädlinge:	Poinsettien werden oft von Spinnmilben befallen.
Eignung zur Hydrokultur:	Wie die andern Wolfsmilchgewächse eignet sich auch die Poinsettie zur Hydrokultur.
Besonderheiten:	Der Weihnachtsstern setzt seine Blüten in der Zeit der kurzen Tage an. Zu dieser Zeit herrscht in der Heimat dieser Pflanzen nur während maximal 13 Stunden Tageslicht (in den Tropen fällt die Dämmerung weg). Will man zu Weihnachten Poinsettien am Blühen haben, so muß schon ab August die Kurztagsbehandlung angewendet werden. Ab 16 Uhr nehme ich die Poinsettie aus dem Garten und stelle sie in einen absolut dunklen Keller. Nicht der geringste Lichtschein einer Lampe darf dorthin gelangen. Morgens werden die Pflanzen wieder in den Garten gebracht. Diese Behandlung muß solange fortgesetzt werden, bis sich die Blüten gebildet haben. Ab November brauchen die Pflanzen nicht mehr dunkel gestellt zu werden. Wer keinen dunklen Keller zur Verfügung hat, kann im Garten und im Zimmer einen Kasten über die Pflanze stülpen. Wichtig ist, daß in diesem Falle kein Licht von unten an die Pflanze kommt. Deshalb sorge ich immer dafür, daß die Poinsettie auf einem ebenen Brett steht, das mit dem Kasten hermetisch abgeschlossen werden kann.

x Fatshedera lizei

Efeuaralie

Gattung:	Araliaceae, Araliengewächse
Heimat:	Die Efeuaralie ist ein Produkt der Blumenzüchter. Sie ist entstanden aus Kreuzungen zwischen Efeu und Zimmeraralie.
Wuchsform:	Efeuaralien wachsen strauchartig mit Stengeln, die bis zu 1 Meter Höhe erreichen können. Die dunkelgrünen Blätter sind drei- bis fünflappig und werden bis zu 15 cm lang.
Verwendung und Standort:	Efeuaralien sind ideale Pflanzen für große Fenster und Veranden. Für normale Zimmerfenster werden sie schnell zu groß. Sie verbinden die Eleganz der Aralien mit der Robustheit des Efeus. Sie lieben einen halbschattigen bis hellen Standort, ohne direkte Sonnenbestrahlung. Dabei vertragen sie auch trockne Zimmerluft, weshalb ich die Efeuaralie ihrer Halbschwester, der Zimmeraralie, vorziehe.

Wärme:	Efeuaralien lieben warme Temperaturen um 20 bis 22 Grad, vertragen jedoch auch während der kalten Jahreszeit Temperaturen bis 10 Grad. Zugluft verträgt die Fatshedera nicht.
Wasserbedarf:	Die Efeuaralien werden regelmäßig und gleichmäßig gegossen. Nur während des Winters schränke ich die Wassergaben leicht ein. Der Ballen darf aber nie trocken werden. Efeuaralien sind für Übersprühen mit lauwarmem Wasser dankbar, besonders wenn sie in Räumen mit trockener Heizungsluft gehalten werden. Die großen Blätter wasche ich ab und zu mit lauwarmem, abgestandenem Wasser ab. Dadurch wird die glänzend dunkelgrüne Farbe erhalten und ein Verkrusten der Poren durch Zimmerstaub vermieden.
Düngung:	Meine Aralien erhalten von März bis Oktober jede Woche 2 gr/l eines Blumendüngers.
Erde:	Efeuaralien pflanze ich in Einheitserde.
Umpflanzen:	Ich topfe meine Efeuaralien jedes 3. Jahr um. Die beste Zeit sind die Monate März bis Juni.
Vermehrung:	Efeuaralien lassen sich leicht durch Kopfstecklinge vermehren. Im Frühjahr, beim Rückschnitt der Pflanzen, werden die halbharten Triebspitzen in einem Minigewächshaus am Fenster bei Temperaturen um 22 Grad, in einem Gemisch von Torf und Sand bewurzelt.
Schnitt:	Ich schneide die Spitzentriebe der Efeuaralie jedes Jahr zurück. Durch die vielen Verzweigungen erreiche ich ein Wachstum in die Breite. Wer höhere Pflanzen ziehen will, soll mehrere Efeuaralien in einen Topf pflanzen. Einzelpflanzen, die in die Höhe wachsen, machen keine Seitenverzweigungen und sehen deshalb nicht gut aus. Durch die Gruppierung von 3 oder 4 Einzelpflanzen wird derselbe Effekt erreicht, der bei zurückgeschnittenen Sträuchern durch die Seitenverzweigungen entsteht.
Schädlinge:	Efeuaralien werden von der roten Spinne, von Blattläusen und von Thrips befallen. Hat die Pflanze durch Pflegefehler die Blätter verloren, so schneide ich den Stengel bis auf 10 cm über der Erde zurück. Es erfolgt ein neuer Austrieb, aus dem sich eine buschige Efeuaralie entwickelt.
Eignung zur Hydrokultur:	Fatshedera ist eine ideale Pflanze für die Hydrokultur.

Fatsia japonica
Zimmeraralie

Gattung:	Araliaceae, Araliengewächse.
Heimat:	Japan.
Wuchsform:	Die Zimmeraralie wächst strauchartig, meist unverzweigt und erreicht eine Höhe von ca. 1 Meter. Die dunkelgrünen, ledrigen Blätter sind sieben- bis neunfach gelappt, zwischen 15 und 25 cm breit und haben lange Stiele.
Verwendung und Standort:	Siehe Efeuaralie (Fatshedera). Obschon im allgemeinen die Zimmeraralie empfindlicher ist als die Efeuaralie, verträgt sie einen dunkleren Standort als die letztgenannte.
Pflege:	Wie die Fatshedera.
Schnitt:	Siehe Fatshedera
Schädlinge:	Zimmeraralien werden oft von Schildläusen befallen. Auch die rote Spinne und die Blattläuse sind häufig zu Gast.
Eignung zur Hydrokultur:	Zimmeraralien gedeihen sehr gut in Hydrokultur.
Besonderheiten:	Die weißgefleckte Art Fatsia japonica variegata muß während des Winters eine Minimaltemperatur von 12 Grad haben. Während der Schlechtwetterperiode sollen alle Aralien ein wenig kühler gestellt werden, da sie durch die allzu große Hitze ihre Blätter abwerfen können.

Ficus

Feige
Figgen

Gattung:	Moraceae, Maulbeerbaumgewächse.
Heimat:	Mittelmeergebiet, Tropisches Afrika, Malaya, Japan, China, Australien. Die Gattung der Feigen ist mit über 2 000 Arten eine der größten Pflanzenfamilien. Alle Arten bilden die gleiche Art von Früchten: die Feigen. Sehr viele Fiscusarten eignen sich als Zimmerpflanzen und erfreuen sich allgemeiner Beliebtheit. Da fast alle der gleichen Pflege bedürfen, will ich diese Maßnahmen global beschreiben. Auf den folgenden Seiten werde ich dann die einzelnen Arten beschreiben, die bei uns am verbreitesten sind und eventuelle Abweichungen von der allgemeinen Pflege angeben.
Verwendung und Standort:	Alle Feigenarten sollen möglichst nahe am Fenster stehen. Die Sonne darf sie jedoch nicht direkt bescheinen, da sonst unschöne Blattflecken entstehen. Feigenarten, die zu dunkel stehen, verlieren sehr schnell ihre Blätter und werden unansehnlich.
Wärme:	Feigenbäume lieben normale Zimmertemperaturen, sind jedoch empfindlich gegen große Temperaturschwankungen im Laufe des Tages. Im Sommer genügen 16 bis 20 Grad, im Winter darf die Temperatur nicht unter 12 Grad fallen.
Wasserbedarf:	Während der Wachstumsperiode im Sommer wird die Pflanze reichlich gegossen. Ab Ende August werden die Wassergaben eingeschränkt. Wird während dieser Zeit zu viel gegossen, geht die Pflanze ein. Feigen vertragen trockene Zimmerluft sehr gut, sind aber, vor allem während der Sommermonate, für ein Übersprühen mit abgestandenem Wasser, dankbar. Die Arten mit großen ledrigen Blättern wasche ich regelmäßig mit einem nassen Schwamm ab. Ich rate allen Blumenfreunden ab, die Blätter mit Blattglanzmitteln oder, schlimmer noch, mit Bier oder Milch zu waschen, um auf diese Weise schön glänzende Blätter zu erzielen. Diese Mittel setzen die Poren der Blätter zu und verursachen auf lange Sicht ein Absterben der Pflanze. Gesunde Feigenbäume haben von Natur aus glänzende Blätter, so daß man nicht künstlich nachzuhelfen braucht.
Düngung:	Während der Wachstumsperiode von April bis September gebe ich meinen Fiscuspflanzen pro Woche 3 bis 4 g/l eines Blumendüngers. Während der Ruheperiode im Winter darf auf keinen Fall gedüngt werden.
Erde:	Feigenarten pflanze ich immer in Einheitserde.
Umtopfen:	Je nach Wachstum topfe ich meine Feigenbäumchen jedes Jahr oder jedes zweite Jahr um. Der neue Topf soll immer nur eine Nummer größer sein.

Eignung zur Hydrokultur:	Ich habe mit allen Feigenarten gute Erfahrungen in Hydrokultur gemacht. Die Pflanzen wachsen willig und sind wenig anfällig für Krankheiten.
Schädlinge:	Alle Feigenarten sind anfällig für Spinnmilben, Schildläuse, Blattläuse, Thrips und Wolläuse. Meistens ist der Befall jedoch auf einen Pflegefehler zurückzuführen (zu warmer Standort, direkte Sonnenbestrahlung, Zugluft, Vergießen, usw.).
Besonderheiten:	Die Früchte, die sich an verschiedenen Arten auch im Zimmer bilden, sind eßbar.

Ficus benjamina
Birkenfeige

Heimat:	Indien
Wuchsform:	Die Birkenfeige wächst strauchartig und wird sehr schnell zu groß für ein normales Zimmerfenster. Sie wird dann in Veranden oder in großen Wohnzimmern gepflegt, wo sie sehr dekorativ wirkt. Die ovalen, spitzauslaufenden, leicht gewellten, glänzendsattgrünen Blätter sind ungefähr 5 cm lang und sitzen an kurzen Stielen. Die dünnen, braunen Zweige hängen leicht über.
Pflege:	Wie alle andern Feigen. Die Luftfeuchtigkeit soll jedoch etwas höher sein. Im Wohnzimmer wende ich die Wasserschalenmethode an.
Vermehrung:	Durch Kopfstecklinge bei hohen Temperaturen (22-25 Grad).

Ficus diversifolia

Mistelfeige

Heimat:	Malaya.
Wuchsform:	In seiner Heimat wächst der kleine Strauch auf andern Bäumen. Er ist ein Halbschmarotzer, eine Eigenschaft, die ihm den deutschen Namen eingebracht hat. Als Zimmerpflanze erreicht die Mistelfeige eine Höhe von 60 bis 80 cm. Sie ist dicht verzweigt. Die dreieckigen bis eiförmigen, grau-grünen, kleinen Blätter sitzen an kurzen Stielen. Die Mistelfeige bringt auch als Topfpflanze Früchte hervor. Sie sind erbsengroß und sitzen zu zweien an den Zweigen beieinander. Sie sind essbar und schmecken, wenn sie gelb geworden sind, ganz süß.
Pflege:	Wie die andern Feigen. Sie eignet sich besonders für halbschattige Fenster.
Vermehrung:	Durch Kopfstecklinge bei hohen Temperaturen.

Ficus elastica

Gummibaum
Gummibam

Heimat:	Die tropischen Regenwälder Ostindiens.
Wuchsform:	Der Gummibaum ist wohl die bekannteste Art der Ficusgattung. In seiner Heimat wächst der Gummibaum bis zu einer Höhe von 25 Metern heran. Seine lederartigen, dunkelgrünen, glänzenden, sehr großen Blättern sind oval und haben eine Träufelspitze. Sie sitzen an kurzen Stielen, die aus dem Stamm hervorwachsen. Der Stamm ist hellbraun, bis zu daumendick und trägt kleine Luftwurzeln, die bei der Zimmerpflanze nur im Ansatz zu erkennen sind, in der Heimat der Pflanze jedoch zu stattlicher Länge ausgebildet sind. Der Gummibaum kommt im Zimmer nicht zur Blüte.
Verwendung und Standort:	Gummibäume können in halbdunklen Räumen gehalten werden, vertragen während der warmen Jahreszeit jedoch auch einen Aufenthalt im Freien an einem windgeschützten, halbschattigen Platz. Im Zimmer soll der Gummibaum immer an demselben Platz stehen bleiben. Deshalb versehe ich meine Pflanzen mit einer Markierung, damit sie nach dem Putzen immer wieder an die gleiche Stelle stehen kommen.
Pflege:	Wie alle Feigenarten.
Vermehrung:	Gummibäume lassen sich leicht durch Kopfstecklinge vermehren. Sie werden bei normaler Zimmertemperatur in eine Torf-Sandmischung gesteckt, die immer ganz feucht gehalten werden soll. Pflanzen, die in Hydrokultur gezogen werden sollen, stecke ich gleich in den Hydroeinsatz und halte den Wasserstand auf der Marke „Maximum", bis sich die ersten Wurzeln gebildet haben. Beim Abnehmen der Stecklinge muß die Mutterpflanze an der Schnittstelle mit einem Feuerzeug zugebrannt werden, damit der milchige Saft nicht ausfließt. Die Schnittfläche des Stecklings soll einige Stunden an der Luft trocknen, bevor dieser in das Substrat gesteckt wird. Ältere kahl gewordene Gummibäume lassen sich durch Abmoosen verjüngen. Dabei wird der untere kahle Teil weitergepflegt und treibt oft eine oder mehrere Seitenverweigungen aus. Es entsteht dann ein sehr stattlicher, in die Breite wachsender Gummibaum, der in großen Wohnräumen sehr dekorativ wirkt.

Ficus lyrata

Gummibaum
Gummibam

Heimat:	Tropisches Westafrika.

Wuchsform:	Dieser Gummibaum hat sehr große, dunkelgrüne Blätter, die am Grunde schmal sind und sich nach außen hin stark verbreitern. In der Mitte sind sie ein wenig ausgebuchtet und am äußeren Ende rundlich abgestumpft. Die Form erinnert an den Klangkörper einer Lyra, woher auch der lateinische Name herstammt. Der Ficus lyrata eignet sich nur für große Räume und Wintergärten. Fürs Fensterbrett ist die Pflanze zu wuchtig.
Pflege:	Wie alle Feigenarten.
Vermehrung:	Wie Ficus elastica

Ficus pumila (hort. repens)

Kletterfeige

Heimat:	Japan, China, Australien.
Wuchsform:	Die Kletterfeige hat an sehr dünnen Zweigen kleine, dunkelgrüne, herzförmige Blätter von 2 bis 3 cm Länge. An den Zweigen befinden sich Haftwurzeln, mit deren Hilfe die Pflanze an Stämmen, Glasplatten und Mauern emporklettern kann.
Verwendung und Standort:	Die Kletterfeige kann als Ampelpflanze gebraucht und zum Beranken von Epiphytenstämmen, Säulen oder Wänden verwendet werden. In Wintergärten findet man sie oft als Bodenbedecker.
Pflege:	Wie alle Feigenpflanzen.
Sorten:	Im Handel findet man neben der normalen Ficus pumila die Sorte „minima" mit nur 1 cm langen Blättern sowie die Sorte „Variegata" mit weiß gefleckten Blättern. Ficus radicans ist eine andere Art der Ficusgattung. Sie gleicht der Kletterfeige, macht aber bis zu 5 m lange Ranken und hat bis zu 5 cm lange Blätter.

Guzmania

Guzmanie

Gattung:	Bromeliaceae, Ananasgewächse.
Heimat:	Tropisches Mittel- und Südamerika.
Wuchsform:	Die in ihrer Heimat epiphytisch wachsende Pflanze hat riemenförmige, an den Rändern glatte, lange Blätter, deren Unterseite etwas heller ist. Die Blätter wachsen am Grunde der Pflanze zu einem Trichter zusammen. In diesem Trichter sammelt die in der freien Natur wachsende Pflanze Wasser und Nährstoffe. Die Wurzeln dienen allen epiphytisch wachsenden Pflanzen nur als Halt. Ihre Funktion als Ernährer ist zweitrangig. Die Blüte erscheint im Grunde des Trichters. Sie ist weiß und steht auf einem dichten walzigen Blütenstand, dessen obere Hochblätter leuchtend-rot sind, während die unteren schwarz-grün und oft verschieden gezeichnet sind.
Verwendung und Standort:	Als Kind der tropischen Regenwälder braucht die Guzmanie eine feuchte, warme Atmosphäre zum Gedeihen. Sie wächst am besten in Blumenfenstern oder in Zimmergewächshäusern. Um bei normaler Zimmerluft zu überleben, bedarf es einer sorgfältigen Pflege. Die Guzmanie liebt einen schattigen Platz im Zimmer.
Wärme:	Guzmanien brauchen hohe Temperaturen von mindestens 20 Grad, die auch im Winter nicht unter 18 Grad fallen dürfen.
Wasser:	Guzmanien werden in den Trichter gegossen. Damit keine Kalkflecken darin entstehen, nehme ich Regenwasser oder abgestandenes, lauwarmes, entkalktes Leitungswasser. Die Erde wird immer feucht gehalten. Die Pflanze wird täglich mit lauwarmem Wasser übersprüht. Während der Blüte und während der Ruhezeit im Winter sollen Sie nicht in den Trichter gießen. In dieser Periode muß die Pflanze trotzdem übersprüht werden.
Düngung:	Gedüngt wird die Guzmanie nur sehr wenig. Ich gebe ab und zu einen Spritzer Hydrodünger ins Gießwasser, es darf aber wirklich nur ein Spritzer sein, da sonst Schäden entstehen können.
Erde:	Am besten eignet sich eine Mischung aus Einheitserde, Lauberde, Sand und Torf.
Umtopfen:	Guzmanien werden nicht umgetopft. Sie bleiben ihr ganzes Leben im selben Substrat.
Vermehrung:	Die Guzmanie vermehrt sich durch Kindel, die an der Mutterpflanze entstehen. Sie werden vorsichtig abgeschnitten und wieder eingepflanzt. Eine Vermehrung

	durch Samen ist auch möglich, dauert aber sehr lange. Nach dem Einpflanzen eines Kindels dauert es 3 bis 5 Jahre bis zur ersten Blüte.
Schnitt:	Nach dem Verblühen wird der Blütenstand so tief wie möglich im Trichter abgeschnitten.
Eignung zu Hydrokultur:	Wie alle Bromelien eignet sich die Guzmanie für die Hydrokultur.
Schädlinge:	Keine.
Besonderheiten:	Durch Züchtung ist es den Gärtnern gelungen, fast 100 verschiedene Sorten zu züchten. Meistens sind es Hybriden, also Kreuzungen zwischen 2 Pflanzen verschiedener Sorte. Am bekanntesten ist die Sorte „Variegata", die weiße Längsstreifen an den Blättern hat.

Hedera helix

Efeu
Wantergréng

Gattung:	Araliaceae, Araliengewächse
Heimat:	Europa, Nordafrika, Kanarische Inseln, Kaukasus, Eurasien.
Wuchsform:	Alle Efeuarten sind Kletterpflanzen. Sie bilden lange Triebe, die sich, je nach Art stark oder nur wenig verzweigen. An den Trieben befinden sich Haftwurzeln, die es der Pflanze erlauben, an Stämmen, Wänden und sogar an glatten Flächen emporzuklimmen. Haftwurzeln, die sich festgesetzt haben, sind nur sehr schwer zu entfernen. Diese Eigenart soll der Pflanzenfreund immer berücksichtigen, wenn er Efeupflanzen im Zimmer frei wachsen läßt. Hedera canariensis stammt von den Kanarischen Inseln. Dieser Efeu hat drei- bis fünflappige Blätter von 8-12 cm Durchmesser. Es gibt Sorten mit dunkelgrünen oder mit weißgefleckten Blättern. Hedera colchica stammt aus dem Kaukasus. Er ist leicht an seinen derben, dunkelgrünen, fast nicht gelappten sehr großen Blättern zu erkennen. Auch bei dieser Art gibt es verschiedene Sorten, teilweise mit gezähnten und gefleckten Blättern. Hedera helix ist der bei uns heimische Efeu. Er hat dunkelgrüne fünflappige Blätter, die einen Durchmesser von 8 cm erreichen können. Die Blätter um den im Herbst erscheinenden unscheinbaren Blütenstand sind elliptisch und ungelappt. Auch bei dieser Art gibt es eine ganze Reihe von Sorten, die sich durch die Farbe, die Form und die Größe der Blätter voneinander unterscheiden.

Verwendung und Standort:	Efeuarten sind anspruchslose Zimmerpflanzen für dunklere Räume und schattige Ecken. Die gefleckten Arten benötigen mehr Licht als die dunkelgrünen. Die Zwergformen sind ideale Ampelpflanzen, während die großblättrigen besser an Spalieren oder Wänden gezogen werden.
Wärme:	Efeu wächst das ganze Jahr im kühlen Zimmer. Je wärmer die Umgebung ist, desto mehr Licht und desto mehr Luftfeuchtigkeit benötigt die Pflanze. Ich versuche, die Pflege an den Standort anzupassen, da sonst Geilwuchs, Blattfall und Schädlingsbefall vorkommen. Der Topfballen muß immer mit entkalktem Wasser oder Regenwasser feucht gehalten werden. Die Gießmenge richtet sich nach der Temperatur. Je wärmer es ist, desto mehr muß gegossen werden. Während des Winters darf die Wassermenge etwas eingeschränkt werden, dafür muß aber die Luftfeuchtigkeit durch häufiges Übersprühen und durch Wasserschalenmethode möglichst hoch gehalten werden.
Düngung:	Während des Sommers erhalten meine Efeupflanzen jede Woche 2 g/l eines Blumendüngers.
Erde:	Ich verwende für Efeupflanzen Einheitserde oder eine Mischung aus Mistbeeterde, Torf und Lauberde (2:1:1).
Umtopfen:	Efeu wird im August oder in den Monaten Januar bis März in knapp bemessene Töpfe verpflanzt.
Vermehrung:	Durch Kopfstecklinge im August. Die Stecklingsvermehrung ist auch während der übrigen Jahreszeit möglich, braucht aber dann mehr Pflege, und Ausfälle sind häufiger.
Schnitt:	Efeupflanzen vertragen sehr gut einen Rückschnitt. Ich schneide die Triebspitzen sehr oft ab, um eine starke Verzweigung der Pflanze zu erreichen.
Eignung und Hydrokultur:	Efeupflanzen sind ideal für die Hydrokultur. Sie wachsen willig und leiden wenig unter Schädlingsbefall.
Schädlinge:	Bei zu großer Lufttrockenheit werden die Efeupflanzen von Spinnmilben und von Schildläusen befallen. Bei zu dunkelm Stand im warmen Zimmer entsteht Geilwuchs. Plötzlicher Blattabfall ist sehr oft auf ein Vergießen zurückzuführen.
Besonderheiten:	Die Frucht der Efeupflanzen ist giftig. Im Zimmer fruchtet Efeu sehr selten und nur an alten, sehr großen Exemplaren, während im Garten, an heimischem Efeu, sehr oft Früchte zu finden sind.

Hibiscus rosa sinensis

Chinesischer Roseneibisch
Hibiskus

Gattung:	Malvaceae, Malvengewächse.
Heimat:	Man nimmt heute an, daß die Pflanze in China zuhause ist. Sicher ist es jedoch nicht, da dieser Strauch in allen tropischen Ländern als Gartenpflanze gehalten wird und an vielen Orten verwildert ist.
Wuchsform:	Die strauchförmige Pflanze hat kahle, große tiefgezähnte Blätter. Von Februar bis Oktober erscheinen die sehr großen, in fast allen Farben gezüchteten Blüten. Aus der Mitte der Blüte ragt ein langer, säulenartiger Griffel hervor, der aus den zusammengewachsenen Staubefäßen gebildet ist. An dessen Ende liegen dicht zusammengedrängt die Staubbeutel und die Griffel. Die Blüte hält knapp einen Tag. Der Hibiskus bildet jedoch immer wieder neue Blüten aus.
Verwendung und Standort:	Hibiskus ist eine schöne, reichblühende Pflanze für nicht sonnige Fenster. Sie gedeiht am besten in einem Nordfenster, das viel Licht, aber keine direkte Sonne spendet. Der Roseneibisch kann als Strauch oder als Stämmchen gezogen werden. Im Sommer verträgt er den Aufenthalt an einer geschützten Stelle einer Terasse oder eines Balkons. Im Winter muß die Pflanze ganz hell stehen.
Wärme:	Hibiskus braucht normale Zimmertemperaturen, die aber konstant sein sollen. Bei großen Temperaturschwankungen fallen die Knospen vor dem Aufblühen ab. Im Winter stellt man den Roseneibisch in einen Raum mit Temperaturen zwischen 12 und 16 Grad.
Wasserbedarf:	Während des Sommers gieße ich die Hibiskuspflanzen reichlich. Im Winter wird der Wasserbedarf kleiner, der Ballen darf jedoch nie austrocknen. Der Roseneibisch liebt eine hohe Luftfeuchtigkeit. Ist diese nicht vorhanden, rollen sich die Blätter zusammen und die Knospen der Blüten fallen ab. Deshalb stelle ich meine Pflanzen während der Blütezeit in eine Schale mit Wasser (Wasserschalenmethode).
Düngung:	Von Februar bis September gebe ich meinen Pflanzen jede 2. Woche 3 g/l eines Blumendüngers.
Erde:	Für den Roseneibisch benutze ich Einheitserde, Blumenerde oder eine Mischung aus Mistbeeterde und Torf (3:1).
Umpflanzen:	Der Hibiskus wird jedes 2. Jahr im Februar umgetopft. Er liebt geräumige Töpfe.
Vermehrung:	Die Pflanze wird durch Kopfstecklinge im Frühjahr, bei mäßiger Hitze vermehrt. Sie ist auch von Anfängern leicht zu vermehren.

Schnitt:	Nach der Winterruhe im Februar werden die Hibiskuspflanzen kräftig zurückgeschnitten. Dadurch erreicht man ein starkes Wachstum und eine gute Verzweigung der Sträucher. Durch gezielten Schnitt kann man kleine Stämmchen heranziehen, auf denen nachher eine buschige Krone aufgebaut wird.
Eignung zur Hydrokultur:	Hibiskus ist eine sehr gute Hydrokulturpflanze. Ich achte bei dieser Art besonders auf einen nicht zu hohen Wasserstand.
Schädling:	Bei ungünstigem Standort wird der Roseneibisch stark von Spinnmilben, Wolläusen und Blattläusen befallen. Das Abfallen der Blütenknospen vor dem Aufblühen ist auf einen Temperaturschock durch zu große Schwankungen der Umgebungstemperatur oder auf zu trockene Luft zurückzuführen. Letztere ist auch verantwortlich für das Zusammenrollen der Blätter.
Besonderheiten:	Keine.

Hippeastrum

Ritterstern, Amaryllis
Amaryllis

Gattung:	Amaryllidaceae, Amaryllisgewächse
Heimat:	Tropisches Südamerika. Da heute nur Hybriden angeboten werden, ist es durchaus möglich, daß auch noch Stammformen aus andern Gebieten der Erde an der Züchtung dieser Sorten beteiligt waren.
Wuchsform:	Der Ritterstern hat eine Zwiebel, die bis 8 cm Durchmesser erreicht. Nach der Ruheperiode erscheint aus der Zwiebel zuerst ein bis zu 80 cm hoher Blütenschaft, an dessen Spitze sich 4 bis 6 rot, rosa, orange oder weiße Blüten bilden. Nach der Blütezeit entwickeln sich die langen, riemenförmigen Blätter.
Verwendung und Standort:	Hippeastrum ist eine leicht zu haltende Zimmerpflanze, die bis Oktober an einem hellen sonnigen Platz stehen soll. Die Blüte erscheint in den Monaten Februar bis März, doch kann man durch Verlegen der Ruheperiode auch schon im Dezember blühende Pflanzen haben. Blühende Pflanzen werden nicht gedüngt, nur gegossen.
Wärme:	Während des Sommers soll der Ritterstern einen sonnigen, warmen und luftigen Platz haben. Im Winter stellt man ihn hell bei Temperaturen um 16 Grad.

Wasserbedarf:	Blühende Pflanzen, sowie die blattragende Zwiebel, werden reichlich gegossen. Ab August wird die Wassergabe eingeschränkt. Sobald die Blätter eingetrocknet sind, wird das Gießen ganz eingestellt. Die Zwiebel wird jetzt in einem kühlen Keller aufbewahrt. Ab November wird die Zwiebel wieder einmal gegossen, um sie zum Treiben zu bringen. Es muß aber bei diesem einmaligen Gießen bleiben. Der Topf mit der Zwiebel wird nun an einem dunklen Ort bei 16 Grad aufgestellt. Dabei achte ich streng darauf, daß die Pflanze fußwarm steht. Dies erreiche ich durch Unterlegen einer kleinen Styroporplatte. Wenn der neue Trieb ungefähr 10 cm hoch geworden ist, stelle ich die Pflanze hell und warm und beginne sofort mit dem Gießen. Ich dünge noch immer nicht.
Düngen:	Die eigentliche Pflege der Amaryllis beginnt erst nach der Blüte. Die umgetopfte, verblühte Pflanze erhält bis zum Monat August jede 2. Woche 3 g/l eines Blumendüngers.
Erde:	Ich verwende für meine Rittersterne ausschließlich Einheitserde.
Umpflanzen:	Nach der Blüte wird die Pflanze in einen anderen Topf umgepflanzt. Die eingetrocknete Zwiebel bleibt bis zur nächsten Blüte in diesem Topf. Die Zwiebeln werden nur zu einem Drittel in die Erde gepflanzt. 2/3 müssen über dem Substrat stehen.
Vermehrung:	Die Vermehrung erfolgt durch Nebenzwiebeln. Diese werden abgenommen und während zwei bis drei Jahre ohne Ruheperiode durchgetrieben. Erst dann kann man mit der normalen Kultur beginnen und die Pflanze zum Blühen bringen.
Schnitt:	Nach der Blüte schneide ich den Schaft so tief ab wie möglich über der Zwiebel.
Eignung zur Hydrokultur:	Hippestrum läßt sich sehr gut in Hydrokultur halten. Von Oktober bis Dezember werden die Zwiebeln bis zu einem Drittel ihrer Dicke in das Substrat gepflanzt. Dabei muß ich darauf achten, daß die Zwiebel nicht ins Wasser ragt. Die Wurzeln wachsen durch das Substrat ins Wasser. Ab August lasse ich die Pflanze trocknen, indem ich ihr das Wasser entziehe.
Schädlinge:	An den Zwiebeln stellt man ab und zu den roten Brenner, eine Pilzkrankheit, fest. Die befallenen Stellen schneide ich heraus und verbrenne sie. Dann lege ich die Zwiebel während einigen Stunden in eine Fungizidlösung (Euparen, Pomarsol, Antracol, usw). Erst dann wird die Zwiebel zum Treiben gebracht. Wenn sich die Blätter vor der Blüte entwickeln, bringt die Pflanze in diesem Jahr keine Blumen. Ursache ist zu viel Feuchtigkeit während des Austreibens der Zwiebel.
Besonderheiten:	Keine.

Hoya
Wachsblume

Gattung:	Asclepiadaceae, Seidenpflanzengewächse
Heimat:	China, Australien und Burma
Wuchsform:	Wachsblumen sind windende Klettersträuche, die aber in ihrer Heimat oft als Bodenbedecker über die Erde kriechen. Sie haben dicke, fleischige Blätter. Im Sommer erscheinen die wachsartigen, weißen, in der Mitte rot gefleckten Blüten in Trugdolden. Die Wachsblume ist eine immergrüne Pflanze. Als Zimmerpflanzen werden 2 Arten angeboten: die kleine Wachsblume, Hoya bella und die Asclepias, Hoya carnosa. Die kleine Wachsblume hat bis 2,5 cm lange, zugespitzte, fleischige Blätter, die sehr dicht an verzweigten Trieben stehen. Die Asclepias hat eiförmige, zugespitzte, dicke und fleischige Blätter von 5 cm Länge. Die langen Triebe winden sich an Spalieren oder Stämmen in die Höhe.
Verwendung und Standort:	Wachsblumen lieben einen nicht sonnigen Platz, nahe am Fenster. Die Blätter müssen den Lichteinfall immer von der gleichen Seite erhalten. Beim Hochbinden der Triebe darf man diese nur an der dem Fenster zugewandten Seite des Spaliers befestigen. Dabei muß die Oberseite der Blätter dem Lichte immer zugewandt bleiben. Bei Nichtbeachtung dieser Pflegemaßnahme wirft die Pflanze ihre Blätter ab. Die Hoya bella wird als Ampelpflanze verwendet, während die Hoya carnosa an Spalieren gezogen wird.
Wärme:	Wachsblumen benötigen im Sommer hohe Temperaturen zwischen 20 bis 25 Grad. Im Winter begnügt sich die H. bella mit 15 Grad, während die H. carnosa nicht unter 18 Grad überwintert werden darf.
Wasserbedarf:	Im Sommer werden die Wachsblumen reichlich gegossen. Es darf aber niemals Staunässe entstehen. Während des Winters, von Oktober bis Januar, wird die Wachsblume fast trocken gehalten. Ab Januar wird die Temperatur und die Wassergabe gesteigert. Hoya bella braucht ein wenig mehr Luftfeuchtigkeit als ihre Schwester Hoya carnosa. Letztere liebt trockene Luft.
Düngung:	Ab Februar erhalten die Wachsblumen jede 2. Woche 3 g/l eines Blumendüngers.
Erde:	Am besten eignet sich Einheitserde, die wegen der Empfindlichkeit der Pflanzen gegenüber stauender Nässe mit 1/4 Schwemmsand gemischt wird.
Umtopfen:	Jungpflanzen topfe ich jedes Jahr im Februar-März um. Bei älteren Pflanzen erneuere ich nur die obere Erdschicht vor jeder Wachstumsperiode.

Vermehrung:	Hoyapflanzen werden durch Kopfstecklinge im Frühjahr bei Temperaturen zwischen 20 und 25 Grad im Minigewächshaus vermehrt.
Schnitt:	Die Wachsblumen vertragen keinen Schnitt. Am besten läßt man sie ohne Störung wachsen. Nur zur Abnahme von Stecklingen schneide ich junge Triebe ab.
Schädlinge:	Wachsblumen werden oft von Wolläusen und von Schildläusen befallen.
Besonderheiten:	Die Hoya carnosa bildet kleine Seitentriebe. Diese dürfen nicht entfernt werden. An ihnen entstehen die Blüten im nächsten Jahr. Die Hoya carnosa hat ebenfalls die Eigenschaft, sehr lange Triebe ohne Blätter zu bilden. Diese müssen am Spalier festgebunden werden. An ihnen bilden sich im Laufe des Jahres Blätter.

Hydrangea

Hortensie
Hortense, Kommiounsstack
, Kommiounsblumm, Klotscheblumm

Gattung:	Saxifragaccae, Steingewächse.
Heimat:	Ostasiatische Sumpfgebiete, Amerika, Japan.
Wuchsform:	Hortensien haben dicke, aufrechte Stengel, an denen gegenständig große, spitz-eiförmige, grob-gezähnte Blätter sitzen. Die Blüten erscheinen an den Triebenden. Sie sind doldenförmig und von rosa, roter, blauer und weißer Farbe. In Wirklichkeit sind die Blüten unscheinbar. Was die Pracht der Hortensien ausmacht, sind eigentlich nur Hochblätter. Die eigentlichen Blüten sitzen inmitten der Dolden. Sie sind bei Zuchtformen selten zu finden.
Verwendung und Standort:	Hortensien sind in ihrem Jugendstadium sehr dekorative, leicht zu pflegende Zimmerpflanzen. Ältere Pflanzen können auf Terrassen, Balkonen und Veranden gehalten werden. An geschützten Stellen im Garten überwintern sie meist problemlos, besonders wenn sie ein wenig Schutz durch Reisig erhalten. In Luxemburg werden Hortensien aus Anlaß der Erstkommunionfeiern geschenkt. Daher der etwas ungewöhnliche Luxemburger Name. In einigen Dörfern im Norden des Landes heißt die Pflanze „Klotscheblumm". Dieser Name ist auf die Blütenform zurückzuführen. Eine „Klotsch" ist ein Schneeball, den sich die Kinder im Winter an den Kopf werden. Im Zimmer soll die Pflanze hell stehen. Sie verträgt außerhalb der Blütezeit sogar direkte Sonnenbestrahlung. Im Winter soll sie dunkel stehen. Die normale

	Blütezeit liegt zwischen Juli und September. Durch Treiben kann man die Blüte jedoch auf die Monate Januar bis Juli vorverlegen.
Wärme:	Während der Sommermonate lieben Hortensien einen luftigen, hellen Platz bei normalen Zimmertemperaturen. Im Winter soll die Pflanze dunkel und bei Temperaturen um 5 Grad gehalten werden.
Wasserbedarf:	Als Sumpfpflanze braucht die Hortensie während der Wachstumszeit sehr viel Wasser. Ab März wird, bis zur Ausbildung der Blüten, mäßig gegossen. Dann muß reichlich gegossen werden. Ich stelle während der Blüte meine Hortensien jeden Abend in eine Schüssel mit Wasser. Ab August werden die Wassergaben ein wenig eingeschränkt. Die Pflanze darf jedoch nicht dursten. Ab Oktober wird nur mehr selten gegossen, aber die Erde darf nicht ganz austrocknen. Die Pflanze wirft ihre Blätter ab und wird im dunkeln, kühlen Keller überwintert. Im Februar stelle ich die Pflanze bei 15 Grad hell und beginne langsam mit dem Gießen. Wenn die Blüten erscheinen, nehme ich die normale Kultur wieder auf. Als Sumpfpflanze verträgt die Hortensie nur kalkfreies Wasser. Während der Sommermonate lieben Hortensien ein gelegentliches Übersprühen mit kalkfreiem Wasser.
Düngung:	Hortensien erhalten jede Woche 4 g/l eines Volldüngers für Rhododendron und Koniferen (kalkfrei) oder eines flüssigen Blumendüngers.
Erde:	Ich pflanze meine Hortensien in Einheitserde oder in eine Mischung von humoser Gartenerde mit Torf (2:1).
Umpflanzen:	Junge Pflanzen werden jedes Jahr im Oktober umgetopft. Ältere Exemplare nur alle 3 bis 4 Jahre.
Vermehrung:	Hortensien vermehre ich durch Kopfstecklinge im März bei einer Bodentemperatur von 20 Grad.
Schnit:	Hortensien blühen an zweijährigem Holz. Verblühte Triebe sterben ab. Der Schnitt zielt deshalb darauf hin, immer junge Triebe zur Verfügung zu haben. Ich schneide jedes Jahr die abgeblühten Stengel am Grunde ab. Die einjährigen Triebe können ebenfalls zurückgeschnitten werden. Dadurch entstehen Verzweigungen mit mehr Blüten, die aber kleiner sind als die, die allein auf einem Triebe entstehen. Der Schnitt erfolgt nach der Blüte bis zum Oktober.
Eignung zur Hydrokultur:	Hortensien sind sehr dankbare Hydrokulturpflanzen.
Schädlinge:	Hortensien werden von Thrips, von Blattläusen und von der weißen Fliege befallen. Durch Kalküberschuß entstehen Blattchlorosen, die durch Torfgaben geheilt werden können.
Besonderheiten:	Keine.

Impatiens

Fleißiges Lieschen, Springkraut
Fläissegt Lüschen, Waasserstack

Gattung:	Balsaminaceae, Balsaminengewächse
Heimat:	Gebirge des tropischen Afrikas
Wuchsform:	Das Springkraut wächst krautig. Auffallend sind die fleischigen, glasigen Stengel. Die Blätter sind länglich oval, spitz auslaufend, von glänzend-grüner Farbe. Die Blüten sind flach und haben einen langen Sporn. Fleißige Lieschen gibt es in rot, rosa und weiß. Im Zimmer blühen sie während des ganzen Jahres, unter der Bedingung, daß genügend Licht vorhanden ist.
Verwendung und Standort:	Die genügsame Pflanze liebt einen hellen Platz, der während der warmen Jahreszeit ein wenig schattiert sein soll. Impatiens kann während des Sommers auf Balkonen, Terrassen und in Beeten verwendet werden. Im Winter stelle ich das Springkraut an ein Südfenster.
Wärme:	Das Springkraut gedeiht am besten bei normaler Zimmertemperatur. Bei hellem Stand im Winter soll diese mindestens 20 Grad betragen. Bei dunklerem Standort soll das fleißige Lieschen nur bei 15 bis 18 Grad gehalten werden, da sonst Geilwuchs entsteht. An einem solchen Platz blüht die Pflanze während des Winters nicht.
Wasserbedarf:	Die Pflanze braucht sehr viel Wasser. Im Sommer gieße ich bei warmem Wetter bis 3 Mal am Tage. Während des Winters genügt jedoch eine Wassergabe pro Tag. Die Luftfeuchtigkeit muß sehr hoch sein. Deshalb wende ich die Wasserschalenmethode an. Außerdem versprühe ich die Pflanzen öfters. Der große Durst der Pflanze hat ihr den luxemburgischen Namen „Waasserstack" eingebracht.
Düngung:	Meine Impatiens erhalten jede Woche 3 g/l eines Blumendüngers. Bei zu schwacher Düngung werden wenig Blüten gebildet.
Umtopfen:	Das Springkraut wird im Februar und im Juni umgetopft. Wegen der Wüchsigkeit der Pflanze müssen geräumige Töpfe verwendet werden.
Erde:	Einheitserde eignet sich am besten. Humusreiche, mit Torf gemischte Gartenerde sagt den Pflanzen jedoch auch zu.
Schnitt:	Zu große oder zu geil gewachsene Pflanzen werden eine Handbreit über dem Stengelgrund abgeschnitten. Sie treiben dann willig wieder aus und bilden buschige Pflanzen.

Vermehrung:	Durch Kopfstecklinge werden im Frühjahr und im Sommer leicht Jungpflanzen gebildet. Wegen Platzmangel überwintere ich immer nur ein paar Pflanzen. Von diesen nehme ich im Februar-März Stecklinge ab, um Jungpflanzen für den Vorgarten zu ziehen. Man kann die Impatiens aber auch mit Samen vermehren. Diese Methode ist mir persönlich zu umständlich. Sie lohnt sich wirklich nur um einen Stock von Mutterpflanzen zu ziehen.
Eignung zur Hydrokultur:	Das Springkraut ist eine ideale Pflanze für die Hydrokultur. Die Stecklinge werden einfach in das Substrat gepflanzt. Bis sich Wurzeln gebildet haben, bleibt der Wasserstand immer au Maximum.
Schädlinge:	Impatiens wird oft von roter Spinne und von Blattläusen befallen. Gelbe Blätter deuten auf zu dunklen Stand oder zu trockenen Erdballen hin.
Besonderheiten:	Keine.

Kalanchoë blossfeldiana
Flammendes Kätchen

Gattung:	Crassulaceae, Dickblattgewächse
Heimat:	Madagaskar
Wuchsform:	Die Kalonchoë ist eine halbstrauchförmige Blattsukkulente. Ihr wenig verzweigter Stengel trägt fleischige, dunkelgrüne, große, ovale Blätter mit rotem Rand. Die Blüten stehen in dichten Dolden und sind leuchtend rot. Die normale Blütezeit ist von Februar bis Mai. In den Gärtnereien wird sie jedoch durch künstliche Belichtung und Verdunklung zu jeder Jahreszeit zum Blühen gebracht.
Verwendung und Standort:	Kalanchoën lieben besonders während der Blütezeit einen sonnigen Standort bei normaler Zimmertemperatur. Sonst ist ein halbschattiger Platz genehm; die Blüten bleiben jedoch an einem solchen Platz viel blasser.
Wärme:	Während des Sommers braucht die Pflanze normale Zimmertemperaturen. Im Winter genügend 15 bis 18 Grad, die aber nicht unterschritten werden dürfen.
Wasserbedarf:	Während des Sommers gieße ich ganz vorsichtig. Der Topfballen soll immer feucht, jedoch nicht naß sein, da die Pflanze sehr anfällig für Fäulnis ist. Im Winter werden die Wassergaben noch ein wenig eingeschränkt. Als Sukkulente

	kann die Kalanchoë Wasser speichern, verträgt deshalb eine kurze Trockenperiode und trockene Luft.
Düngung:	Von April bis Juli erhalten meine Kalanchoë jede 2. Woche 3 g/l eines Blumendüngers. Während der restlichen Monate wird nicht gedüngt.
Erde:	Das flammende Kätchen wird in Einheitserde gepflanzt, die mit einem Drittel Schwemmsand gemischt wurde.
Umtopfen:	Jedes Jahr nach der Blüte werden die Pflanzen in nicht zu große Töpfe umgepflanzt.
Schnitt:	Die verblühten Dolden werden abgeschnitten
Vermehrung:	Durch Kopfstecklinge kann ich leicht Jungpflanzen heranziehen. Ich lasse die Stecklinge nach dem Abschneiden einige Stunden an der Luft liegen. Dann stecke ich sie in nicht zu nasse Einheitserde, die mit Sand gemischt wurde. Die Bewurzelung erfolgt rasch bei normaler Zimmertemperatur.
Eignung zur Hydrokultur:	Die Kalanchoë ist eine für Hydrokultur gut geeignete Pflanze.
Schädlinge:	Keine.
Besonderheiten:	Kalanchoë kann man auch mit Samen vermehren. Da die Pflanze ein Lichtkeimer ist, darf der Samen nicht bedeckt werden. Um Pflanzen gezielt zum Blühen zu bringen, werden sie 4 Wochen vor dem gewählten Zeitpunkt von 17 bis 7 Uhr verdunkelt.

Monstera

Fensterblatt
Philodrendron, Afestack

Gattung:	Araceae, Aronstabgewächse
Heimat:	Tropisches Südamerika, Westindische Inseln
Wuchsform:	Das Fensterblatt ist eine Kletterpflanze. Es hat einen festen dunkelgrünen Stamm, der finger- bis daumendick werden kann. Am Stamm bilden sich oft meterlange, braungrüne Luftwurzeln. Die Blätter sind in der Jugend ganzrandig herzförmig. Erst bei älteren Pflanzen entstehen die typischen geschlitzten fiederförmig gelappten, großen, dunkelgrünen Blätter, die der Pflanze den

deutschen Namen eingebracht haben. Bei manchen Arten bleibt das Blatt am Rande zusammenhängend und nur in der Mitte spalten sich die Blätter fiederförmig auf. Das Fensterblatt blüht nur sehr selten im Zimmer. Die Blüte besteht aus einem Kolben, der von einem bis 25 cm langen weißen Deckblatt umgeben ist. Der reife Kolben nimmt eine violette Färbung an. Die Früchte des Fensterblattes sind eßbar und schmecken angenehm nach Ananas.

Verwendung und Standort:	Das Fensterblatt ist eine sehr verbreitete, anspruchslose Zimmerpflanze, die ich jedem Anfänger empfehlen kann. Der einzige Nachteil ist ihr großer Platzbedarf. Für Wintergärten, große Wohnräume, warme Dielen usw. ist diese Pflanze geradezu ideal. Sie liebt einen hellen oder halbschattigen Standort ohne direkte Sonnenbestrahlung. Bei zu dunklem Stand werden die Triebe stark verlängert und die Blätter bilden keine Löcher. Die Pflanze klettert an Spalieren oder an Moospfählen empor, kann sogar an Decken entlang geleitet werden.
Wärme:	Das Fensterblatt braucht im Sommer Temperaturen um 20 Grad. Im Winter darf die Temperatur nicht unter 14 Grad fallen. Je heller die Pflanze steht, desto höher liegt die Minimaltemperatur, die im Winter erfordert ist.
Wasserbedarf:	Während der Wachstumsperiode vom März bis Oktober gieße ich regelmäßig, ohne aber Staunässe hervorzurufen. Ab Oktober beginnt die Ruheperiode der Pflanze, die unbedingt eingehalten werden muß, sollen nicht dauerhafte Schäden entstehen (Geilwuchs, kleine Blätter, Blattfall, usw.). Während der Wintermonate wird nur so viel gegossen, daß der Wurzelballen nicht eintrocknet. Die Luftwurzeln lege ich in ein Gefäß mit Wasser, besonders dann, wenn ein Fensterblatt nicht richtig wachsen will. Diese Methode hilft in den meisten Fällen. Auf keinen Fall dürfen die Luftwurzeln abgeschnitten werden. Dies würde den Tod der Pflanze bedeuten. Durch Staub werden die großen Blätter unansehnlich. Ich wasche sie deshalb regelmäßig mit einem Schwamm und lauwarmem Wasser ab. Diese Pflegemaßnahme fördert das Wachstum und die Gesundheit der Pflanze.
Düngung:	Das Fensterblatt erhält vom März bis zum Oktober jede Woche 3 g/l eines normalen Blumendüngers. Hat man die Luftwurzeln in ein Gefäß mit Wasser getaucht, so darf man diesem Wasser einen Spritzer Hydrodünger zufügen. Dünger darf nur auf den feuchten Ballen gegeben werden.
Erde:	Das Fensterblatt gedeiht sehr gut in einer Mischung aus humoser Gartenerde und Torf (2:1). Oft verwende ich auch Einheitserde.
Umpflanzen:	Das Fensterblatt wird alle 2 bis 3 Jahre umgetopft. Bei großen, an Spalieren befestigten Pflanzen hebt man einfach den Ballen aus dem Topf, schüttelt die alte Erde ab und pflanzt sie an Ort und Stelle in den neuen, etwas größeren Topf. Das Spalier braucht nicht gelöst zu werden.
Vermehrung:	Die Vermehrung erfolgt durch Kopfstecklinge, die eine Luftwurzel tragen sollen, durch Stammstecklinge und durch Abmoosen.
Schnitt:	Der Schnitt beschränkt sich auf das Abschneiden abgestorbener Blätter.
Eignung zur Hydrokultur:	Das Fensterblatt eigne sich sehr gut für die Hydrokultur. Wegen der Größe der Pflanze muß man aber schon gleich zu Anfang große Schalen verwenden.
Schädlinge:	Das Fensterblatt wird selten von Schädlingen befallen. Bei zu hellem Stand, oder bei direkter Sonnenbestrahlung, entstehen braune Blattflecken. Bei Lichtmangel bleiben die Blätter klein und fensterlos. Derselbe Schaden entsteht durch Fehler in der Ernährung der Pflanze.
Besonderheiten:	Neben der ziemlich großen M. deliciosa findet man die viel zierlichere M. borsigiana, die sich besonders für das Fenster eignet. Man erkennt diese Art an ihrem glatten Blattstiel. M. deliciosa hat einen rauhen Blattstiel. Die M. deliciosa mit gefleckten Blätter eignet sich wegen ihrer Empfindlichkeit nur für Wintergärten.

Nephrolepsis

Schwertfarn, Nierenfarn
Faarstack

Gattung:	Polypodiaceae, Tüpfelfarngewächse, neuerdings oft als eigene Gattung der Nephrolepidaceae, Schwertfarngewächse.
Heimat:	Tropische Gebiete der Erde.
Wuchsform:	Aus einem unterirdischen Wurzelstock, der viele Ausläufer treibt, wächst eine Rosette aus gefiederten Blättern mit rötlichem Stiel. Es gibt verschiedene Arten von Nephrolepsis. Sie unterscheiden sich durch die Form ihrer Blätter. N. bostoniensis hat dunkelgrüne lanzettliche, einfach gefiederte Blätter. Die Sorte N. Bosten Zwerg gleicht der vorigen, ist aber wesentlich kleiner. N. Rooseveltii hat lange, stark gewellte Blätter und wächst in die Breite. Die Sorte N. whittmannii hat gekrauste, mehrfach gefiederte, dunkelgrüne Blätter. Letztere Art wird oft in den Blumenläden angeboten.
Verwendung und Standort:	Alle Arten von Nephrolepsis gedeihen an einem halbschattigen, warmen Standort. Beim Aufstellen muß man berücksichtigen, daß die Blätter bei älterer Pflanzen bis 80 cm lang werden können. Direkte Sonne wird von Farnpflanzen nicht vertragen.
Wärme:	Das Schwertfarn liebt normale Zimmertemperaturen, die im Winter nicht unter 16 bis 18 Grad fallen dürfen.
Wasserbedarf:	Während der warmen Jahreszeit gieße ich reichlich, im Winter werden die Wassergaben stark eingeschränkt. Der Ballen darf jedoch nicht austrocknen. Schwertfarn liebt eine hohe Luftfeuchtigkeit. Die Pflanzen sind dankbar für ein Ganzbad, das ich ihnen während des Sommer alle 14 Tage und während des Winters alle 3 bis 4 Wochen gewähre. Dabei wird der Topf während einer Stunde bis zum Rande in ein Gefäß mit Wasser gestellt. (Lauwarmes Regenwasser eignet sich am besten.)
Düngung:	Farne benötigen meistens wenig Dünger. Nephrolepsis erhält jede 2. Woche 1,5 g/l eines normalen Blumendüngers.
Erde:	Ich verwende für alle Farnarten Einheitserde.
Umpflanzen:	Das Schwertfarn wird jedes 3. Jahr umgetopft. Dabei wird der Wurzelballen mit einem spitzen Holzstäbchen gelockert, ohne daß der empfindliche Wurzelstock verletzt wird.
Vermehrung:	Durch Einpflanzen der von der Mutter getrennten Ausläuferpflänzchen. Die winzigen Farnpflanzen wachsen innerhalb eines Jahres zu normalen

Schwertfarnpflanzen heran.
Die Vermehrung durch Sporen, die sich unter den Blättern in kleinen braunen Sporenbehältern bilden, ist ebenfalls möglich.
Bei dieser Art von Vermehrung werden die Sporen auf feuchten Torf gegeben und bei 25 Grad keimen gelassen. Wenn die Jungpflanzen eine Höhe von ca 2 cm erreicht haben, werden sie pikiert.

Eignung zur Hydrokultur:	Wie alle Farnpflanzen ist das Schwertfarn eine sehr gute Hydrokulturpflanze.
Schädlinge:	Keine. Bei zu niedriger Luftfeuchtigkeit oder zu dunklem Stand kann es zu einer Vergilbung der Blätter kommen. Diese abgestorbenen Blätter werden am Grunde abgeschnitten, ohne jedoch den Hals des Wurzelstockes zu verletzten.
Besonderheiten:	Keine.

Nerium oleander

Oleander, Lorbeerrose
Lorjërous, Laurier-rose

Gattung:	Apocynaceae, Hundsgiftgewächse
Heimat:	Mittelmeerraum
Wuchsform:	Dieser im Mittelmeergebiet wildwachsende Strauch wird bis zu 5 Meter hoch. Als Topfpflanze entwickelt er sich jedoch längst nicht so stark. Trotzdem können nur junge Exemplare als Zimmerpflanze gehalten werden. Ältere gehören als Kübelpflanze auf Terrassen und Balkone. Der Strauch hat zwei bis drei in Quirlen stehende, derbe, glänzende Blätter. Die rosa, roten, gelben oder weißen, 3 bis 6 cm breiten Blüten wachsen in Scheindolden während der Monate Juni bis September. Sie haben, besonders während der Nachtstunden, einen starken, sehr angenehmen Duft. Oleander ist ein Kind der Sonne, wo diese fehlt, setzt er keine Blüten an und wirft die Knospen ungeöffnet ab.
Standort und Verwendung:	Der jungen Pflanze sagt ein Südfenster am besten zu. Die älteren Pflanzen, die für das Fenster zu groß geworden sind, gehören auf den Balkon, auf die Terrasse oder in die Veranda. Während des Winters bringe ich die Pflanzen an einen hellen Ort mit Temperaturen zwischen 3 und 7 Grad.
Wärme:	Während des Sommers braucht der Oleander normale Zimmertemperaturen, im Winter 3 bis 7 Grad.

Wasserbedarf:	Während des Sommers müssen die Pflanzen oft bis zu dreimal am Tage gegossen werden. Ein wenig Wasser im Unterteller schadet nichts. Die Wurzeln dürfen sich jedoch nicht in stehendem Wasser befinden. Während der kalten Jahreszeit werden die Wassergaben nur so weit eingeschränkt, daß der Wurzelballen nicht austrocknet. Das Gießwasser soll immer lauwarm sein.
Düngen:	Die Lorbeerrose erhält jede Woche vom März bis Juli 4 g/l eines Volldüngers. Ab Juli wird die Düngermenge verringert, um ab September fast ganz eingestellt zu werden.
Erde:	Für die Lorbeere empfehle ich ein Gemisch von humoser Gartenerde, Mistbeeterde und Lehmerde zu gleichen Teilen. Blumenerde und Einheitserde können auch verwendet werden.
Umpflanzen:	Junge Pflanzen werden jedes Jahr, ältere alle 3 bis 4 Jahre in geräumige Töpfe oder Kübel verpflanzt. Wenn die Wurzeln verfilzt sind, werden sie mit einem scharfen Messer aufgelockert. Die beste Zeit ist der Monat Februar.
Vermehrung:	Junge Pflanzen zieht man durch Kopfstecklinge, die im Mai in ein Torf-Sandgemisch gesteckt werden. Auch einfach in Wasser gestellte Stecklinge bewurzeln sich leicht.
Schnitt:	Vor dem Austrieb werden die Triebe der Lorbeerrose ein wenig gekürzt. Durch geeigneten Schnitt kann man Formen mit einem bis zu 50 cm hohen Stamm erreichen, über dem eine buschige Krone aufgebaut wird.
Schädlinge:	Oleander wird von Schildläusen, Milben, Wolläusen und Blattläusen befallen. Blattfall wird häufig durch Trockenheit hervorgerufen. Ein trockener Topfballen nimmt trotz regelmäßigem Gießen kein Wasser an. Sollte dies einmal der Fall sein, dann stellen sie die ganze Pflanze während einiger Stunden bis zum Topfrand in ein Gefäß mit lauwarmem Wasser.
Besonderheiten:	Alle Teile des Oleanders sind giftig.

Passiflora

Passionsblume, Papageienwinde
Passiounsblumm

Gattung:	Passifloraceae, Passionsblumengewächse.
Heimat:	Brasilien, Paraguay, Argentinien, Ozeanien.
Wuchsform:	Die Passionsblume ist ein Kletterstrauch mit langen, unverzweigten Trieben. Die Blätter sind fünf- bis siebenfach gelappt. Die faszinierend herrlichen Blüten

haben aus dieser Pflanze eine begehrte Zimmerpflanze gemacht. Die Blüte hat einen Durchmesser von 7 bis 8 cm. Am Grunde stehen sternförmige, rote, violette, weißlich-gelbe oder weiß-blaue Kronblätter. Sie werden von einem dichten Kran aus farbigen Blütenfäden eingerahmt. In der Mitte steht der auffällige, tiefrote, dreiteilige Griffel und die 5 Staubgefäße. Der Name der Pflanze stammt aus der christlichen Symbolik. Die Blume verkörpert die Passion Christi. Die drei Narben des Stempels bedeuten die Nägel, die Staubgefäße sind de 5 Wunden. Der Strahlenkranz ist die Dornenkrone. Der Fruchtknoten stellt den Kelch und die weiße Farbe die Unschuld dar. Die Früchte des Passionsstrauches sind hünereigroß und von gelber Farbe. Aus ihnen wird ein beliebter Fruchtsaft hergestellt. Da die Entwicklung dre Frucht im Zimmer sehr lange dauert, kann es vorkommen, daß Früchte und Blumen zusammen an einer Pflanze zu finden sind.

Verwendung und Standort: Passionsblumen lieben einen hellen, sonnigen Stand mit guter Belüftung. Nur die grelle Mittagssonne soll von ihnen abgehalten werden. Während des Sommers kann die Passiflora an einer geschützten Stelle einer Terrasse oder eines Balkons aufgestellt werden. Mir wurde von Hörern mitgeteilt, daß sie die Passionsblume während des Sommers mit dem Kübel in den Garten eingraben. Das Resultat ist eine herrliche, reichblühende Pflanze, mit sehr großen Blüten und vielen Früchten. Vor den ersten Frösten im Herbst wird die Pflanze wieder ins Haus genommen. Am besten zieht man die stark rankende Pflanze an Spalieren. Sie kann aber auch zu einem Kranz gebunden werden.

Wärme: Passionsblumen wollen während der guten Jahreszeit normale Zimmertemperaturen haben, während des Winters lieben sie jedoch einen Standort mit Temperaturen zwischen 8 und 12 Grad.

Wasserbedarf: Während der Wachstumszeit von April bis September gieße ich reichlich. Im Winter wird der Erdballen nur leicht feucht gehalten.

Düngung: Die Passionsblumen erhalten von März bis September jede Woche 3 g/l eines Blumendüngers.

Erde: Am besten eignet sich Einheitserde.

Umpflanzen: Vor Beginn des Austriebs, in den Monaten Februar bis März, wird die Pflanze in andere Töpfe verpflanzt.

Vermehrung: Passionsblumen werden im Frühjahr durch Kopf- oder Triebstecklinge in einem Gemisch von Torf und Sand in einem Minigewächshaus vermehrt.

Schnitt: Die Triebe des Vorjahres werden vor dem Umtopfen auf 4 bis 6 Augen zurückgeschnitten.

Eignung zur Hydrokultur: Passionsblumen können mit Erfolg in Hydrokultur gehalten werden.

Schädlinge: Besonders die Rote Spinne, aber auch Blattläuse und Thrips befallen die Passionsblume.

Besonderheiten: Passionsblumen, die im Zimmer gehalten werden, müssen mit einem Pinsel künstlich bestäubt werden, wenn man einen Fruchtansatz erreichen will. Als Zimmerpflanze eignet sich besonders die Sorte „Kaiserin Eugenie" mit violetten Blüten und dreiteiligen Blättern. Die Sorte „Constance Elliot" eignet sich besonder zur Kultivierung im Freien.

Pelargonium

Geranie
Geranien

Gattung:	Geraniaceae, Storchschnabelgewächse
Heimat:	Südafrika
Allgemeines:	Die Pelargonien werden sowohl in Deutschland als auch bei uns in Luxemburg fälschlicherweise Geranien genannt. Der Name ist jedoch zu einem Begriff geworden und ich bin überzeugt, daß manche Liebhaber, deren Fensterbrette und Balkone von diesen Pflanzen überquellen, mit dem Namen Pelargonie nicht anzufangen wüßten. Bei den Geranien, die wir nur als Hybriden, also Kreuzungen aus verschiedenen Sorten angeboten bekommen unterscheidet man drei große Gruppen, die zwar eng miteinander verwandt sind, in der Form und in der Pflege jedoch voneinander abweichen. Es sind dies die Edelpelargonien (Pelargonium grandiflorum), die Zonalpelargonien (Pelargonium zonale) und die Efeupelargonien (Pelargonium peltatum), auch Hängegeranien genannt. Ich werde in der Folge die einzelnen Arten gesondert beschreiben, um Pflegefehler und Mißverständnisse zu vermeiden. Obschon die beiden letzteren Arten eigentlich nicht zu den Zimmerpflanzen im strengen Sinne des Wortes gehören, glaube ich mich jedoch verpflichtet, sie im Rahmen dieses Buches zu erwähnen, sagt man doch, daß die Hälfte des Umsatzes auf den mitteleuropäischen Blumenmärkten mit Geranien gemacht wird. Man findet Geranien in der Ebene und im Gebirge, an der See und im Binnenland. Unsere Ortschaften würden viel an Schönheit verlieren, wenn nicht Balkone, Fensterbrette und Rabatten in der Pracht des Blütenschmucks dieser Pflanze leuchten würden.

Pelargonium grandiflorum (hort.)
Pelargonium domesticum (hort.)

Edelpelargonie,
Edelgeranie

Wuchsform:	Diese Geranien entstanden aus der Kreuzung mehrerer südafrikanischer Pelargonien. Sie wachsen buschig. Der Stengel ist nicht fleischig und verholzt sehr schnell. Die Blätter sind nierenförmig, einfarbig grün und beim Verreiben fast geruchlos. Die großen, in vielen Farben blühenden Blüten haben fast immer dunkle Flecken auf ihren Kronblättern.
Verwendung und Standort:	Die Edelgeranien sind reine Zimmerpflanzen. Sie können sie allenfalls während der warmen Jahreszeit an einer geschützten Stelle des Balkons halten. Am best stehen sie jedoch an einem hellen, sonnigen Fenster, das nur während der Mittagszeit vor der grellen Sonne beschattet wird. Im Winter werden sie in eine frostfreien, hellen Raum überwintert, werden also nicht in den Keller gestellt. D Temperatur des Überwinterungsraumes soll nicht unter 8 und nicht über 12 Gr liegen. Die Blüten bilden sich von April bis Juni und halten oft bis in den Mona September.

Wärme:	Edelpelargonien lieben normale Zimmertemperaturen. Im Winter darf das Thermometer jedoch nicht über 12 Grad steigen.
Wasserbedarf:	Während der Blütezeit und bei Triebbeginn wird reichlich gegossen. Ab August werden die Wassergaben verringert. Ab November gieße ich fast nicht mehr. Der Ballen soll nur leicht feucht sein. Edelgeranien haben keine Ruhezeit, sie wachsen auch während des Winters langsam weiter.
Düngung:	Ich gebe den Edelpelargonien von April bis August jede Woche 3 g/l eines Blumendüngers.
Erde:	Für alle Pelargonien verwende ich Blumenerde, die mit Torf vermischt wurde um den Säuregehalt ein wenig zu erhöhen (4:1).
Umpflanzen:	Vor dem Austrieb, ungefähr Ende März, pflanze ich die Edelpelargonien in geräumige Töpfe um.
Schnitt:	Nach der Blüte werden die Triebe gekürzt um ein buschiges Wachstum zu erzielen.
Vermehrung:	Die im August beim Beschneiden anfallenden Kopfstecklinge werden in einem Gemisch von Torf und Sand zum Bewurzeln gebracht. Die Jungpflanzen müssen, wie die alten Geranien, im Winter kühl stehen.
Eignung zur Hydrokultur:	Ich habe diese Kulturmethode mit den Pelargonien noch nicht versucht. Wegen der speziellen Pflegemaßnahmen während des Winters ist die Hydrokultur schwierig.
Schädlinge:	Die Blätter werden von Pilzkrankheiten befallen, wenn nicht genügend frische Luft an die Pflanze kommt. Blattläuse findet man sehr oft an Geranien.
Besonderheiten:	Dreijährige Pflanzen blühen am meisten. Nach dem 4. Jahr soll man die Pflanze wegwerfen, sie blüht dann nicht mehr reichlich und ist anfälliger für Krankheiten.

Pelargonium peltatum

Hängegeranien
Hänkeg Geraniën

Wuchsform:	Die Hängegeranien haben lange, dünne Stengel mit efeuartigen, glänzend-grünen Blättern. Die Triebe werden bis zu 1 Meter lang. Die Blüten, rot oder rosa, sind einfach oder gefüllt.

Verwendung und Standort:	Hängegeranien eignen sich gut für Fenster, Balkonbrüstungen und Terrassengeländer. Sie können ebenfalls im hellen luftigen Zimmer als Ampelpflanze benutzt werden.
Pflege:	Wie Zonalpelargonien. Bei der Standortwahl soll berücksichtigt werden, daß die Stengel brüchig sind und vom Wind leicht abgebrochen werden.

Pelargonium zonale

Geranie, Zonalgeranie
Geraniën

Wuchsform:	Die Zonalpelargonien haben fleischige Stengel, die nur am Grunde verholzen. Die nierenförmigen leuchtend-grünen Blätter haben an der Oberseite einen braunroten Ring. Die Blätter riechen beim Zerreiben sehr streng. Die Blüten stehen im dichten Dolden und sind einfarbig rot oder rosa. Verschiedene Arten blühen weiß. Die Kronblätter sind einfarbig. Der für Edelpelargonien typische Fleck fehlt.
Verwendung und Standort:	Zonalpelargonien sind ideale Pflanzen für Balkone, Fenster und Blumenrabatten. Sie lieben einen hellen, sonnigen Standort, leiden aber unter der grellen Mittagssonne. Die starke Bestrahlung während der Mittagszeit bewirkt ein Braunwerden der Kronblattränder. Während des Winters stehen die Geranien am besten in einem hellen, luftigen und kühlen Keller. In regnerische Jahren ist die Flor der Geranien spärlich und die Pflanzen leiden stark an Pilzkrankheiten. Stellt man sie in solchen Jahren unter ein Vordach, so ist die Entwicklung wieder normal. Zonalpelargonien werden nur selten im Zimmer gehalten. Im Hause lieben sie einen sonnigen aber luftigen Standort am Fenster Während der Mittagszeit muß die Pflanze beschattet werden.
Wärme:	Im Sommer liebt die Geranie normale Zimmertemperaturen, und viel Frischluft Im Winter wird sie in einem hellen Raum oder im Keller bei Temperaturen um 5 Grad gehalten.
Wasserbedarf:	Pelargonien werden während der Wachstums- und Blütezeit reichlich gegossen. Ab September werden die Wassergaben eingeschränkt. Vor den ersten Frösten werden die Pflanzen mit den Kästen oder Töpfen in einen kühlen luftigen Kelle gebracht und fast nicht mehr gegossen. Je nach der Luftfeuchtigkeit im Keller genügen kleine Wassergaben alle 4 bis 6 Wochen. Die meisten Geranien gehen i Winter durch zu viele Feuchtigkeit zugrunde. Die empfindlichen Wurzeln faule sehr schnell. Im Juli oder August gesteckte Stecklinge werden, wie die

	Edelpelargonie, in einem hellen Zimmer bei sehr kleinen Wassergaben gehalten. Sie dürfen im Gegensatz zu den alten Zonalpelargonien die Blätter nicht verlieren. Sobald im Spätwinter (Februar-März) die ersten Triebe erscheinen, werden die Geranien in ein helles Zimmer mit Temperaturen um 10 Grad gebracht und wieder leicht gegossen.
Düngung:	Geranien sind Starkzehrer. Während der Wachstumsperiode erhalten sie jede Woche 4 g/l eines normalen Blumendüngers. In Kästen gebe ich jede 4. Woche eine Handvoll Blumenkastendünger pro Meter. Dieser Dünger darf nur auf die feuchte Blumenerde gebracht werden und soll, wenn möglich, leicht untergearbeitet werden.
Erde:	Am besten eignet sich Einheitserde oder Blumenkastenerde.
Umpflanzen:	Zu Beginn der Wachstumsperiode im Monat März werden die Pelargonien in frische Erde gepflanzt. Nach den Eisheiligen werden sie mit dem Ballen in Blumenkästen gesetzt.
Vermehrung:	Pelargonien werden im August oder im März durch Stecklinge vermehrt. In einem Gemisch von Torf und Schwemmsand bewurzeln sie sich sehr schnell. Junge Pflanzen werden bei 10 Grad in einem hellen Zimmer überwintert. Im Frühjahr gesteckte Jungpflanzen blühen schon im Juni. Sie werden wie alle Geranien überwintert, dürfen also ihr Laub verlieren. Neuerdings kann man Geranien auch durch Samen vermehren. Es handelt sich bei diesen Arten um F1-Hybriden, die nach meinen Erfahrungen jedoch weniger blühwillig sind als die traditionellen Sorten. Die sehr teuren Samenkerne werden im Februar in Minigewächshäuser am Fenster gesät. Sobald das zweite Keimblatt erschienen ist, werden sie pikiert. Nach den Eisheiligen werden sie in Balkonkästen oder in Töpfe verpflanzt. Die Blüte erscheint Ende Juni.
Schnitt:	Während der Blütezeit müssen die abgeblühten Dolden abgeschnitten werden. Kurz vor dem Austrieb im Februar werden die überwinterten Geranien bis auf handhohe Stummel zurückgeschnitten. Schwächliche und verdorrte Stengel werden ganz abgenommen.
Eignung zur Hydrokultur:	Wegen der sehr einfachen Erdkultur und wegen ihrer Verwendung im Freien werden die Geranien nicht in Hydrokultur gezüchtet.
Schädlinge:	Bei zu engem Stand und in schlecht gelüfteten Zimmern werden die Geranien von Pilzkrankheiten befallen. Sie sind auch beliebte Wirte der Blattläuse.
Besonderheiten:	Keine.

Peperomia
Pfeffergesicht

Gattung:	Piperaceae, Pfeffergewächse.
Heimat:	Südamerika
Wuchsform:	Verschiedene Arten von Peperomia werden bei uns als Zimmerpflanzen gehalten. Sie unterscheiden sich nur in der Wuchsform. Die Pflege ist für alle gleich. P. argyreia hat einen kurzen Stengel mit grundständigen, langgestielten, grünen, herzförmigen Blättern mit weißen Streifen zwischen den Nerven. Die Blüte besteht aus einer langen schmalen Ähre, an der die unscheinbaren Einzelblüten sitzen. P. arifolia hat einzel an einem aufrechten Stengel stehende, breit-eiförmige, zugespitzte Blätter von glänzender dunkelgrüner Farbe. Die weißen Blütenähren stehen zu mehreren an einem langen Stiel. P. caperata, die bekannteste der Pfeffergesichtpflanzen hat kleine, grüne, gerunzelte, stark gerippte Blätter. Die ziemlich dicken Blütenähren stehen einzeln an langen Stielen. Obschon diese Pflanze erst seit knapp 30 Jahren als Zimmerpflanze gezogen wird, hat sie wegen ihrer zierlichen Form, die andern Arten überflügelt. P. obtusifolia hat einen dicken kahlen Stengel mit einzelnen langstieligen, dicken, verkehrt-eiförmigen Blättern.
Verwendung und Standort:	Peperomien sind anspruchslose Zimmerpflanzen für schattige oder halbschattige Standorte. Volle Sonne vertragen sie nicht.
Wärme:	Während des ganzen Jahres sollen die Pfeffergesichter bei normaler Zimmertemperatur stehen. Auf keinen Fall darf die Temperatur unter 16 Grad fallen.
Wasserbedarf:	Im Sommer gieße ich reichlich, vermeide aber stauende Nässe. Im Winter wird wegen Fäulnisgefahr weniger gegossen. Die Pflanze braucht eine hohe Luftfeuchtigkeit, sonst welken die Blätter. Während des Sommers dürfen Sie die Pflanzen ab und zu übersprühen, (mit Ausnahme der carpeata, wegen der runzligen Blätter). Im Winter wende ich die Wasserschalenmethode an.
Düngung:	Die Pflanzen erhalten von April bis September jede 3 Woche 3 g/l eines Blumendüngers.
Erde:	Ich verwende für die Peperomien Blumenerde oder Einheitserde.

Umpflanzen:	Pfeffergesichter werden jedes Jahr im Frühling in nicht zu große Töpfe gepflanzt. Dabei dürfen die spröden Stengel und Blätter nicht verletzt werden.
Eignung zur Hydrokultur:	Peperomien können in Hydrokultur gehalten werden.
Vermehrung:	Durch Kopfstecklinge und, bei grünen Arten, durch Blattstecklinge.
Schädlinge:	Peperomien werden gern von Schnecken angefressen. Im Zimmer können solche Tiere mit der Erde eingeführt worden sein.
Besonderheiten:	Keine.

Philodendron

Baumfreund
Philodendron

Gattung:	Araceae, Aronstabgewächse
Heimat:	Südamerika
Wuchsform:	Die Gattung der Aronstabgewächse ist eine der größten Pflanzenfamilie, die wir kennen. Deshalb gibt es auch sehr viele Arten, die als Zimmerpflanzen gehalten werden. Die Art Philodendron allein hat mehr als 200 verschiedene Pflanzen. Die Pflege ist bei allen Zimmerpflanzen dieser Art die gleiche, die Pflanzen unterscheiden sich nur durch die Wuchsform. Philodendron scandens ist eine weit verbreitete Kletterpflanze. Sie hat in ihrer Jugend kleine, herzförmige, leuchtend-grüne Blätter, die bei älteren Pflanzen jedoch eine Länge von 20 cm und eine Breite von 12 cm erreichen können. Die derben, ledrigen Blätter sitzen an runden Stielen, die an der Oberseite ein wenig abgeflacht sind und oft eine Rinne haben. Philodendron erubescens hat einen grün-rötlichen Stamm, der im Alter in grau übergeht. Die etwa 18 cm langen gestreckt-herzförmigen, glänzend-dunkelgrünen Blätter sitzen an langen, roten Stielen. An der Unterseite haben die Blätter einen rötlichen Schimmer. Der Blattrand ist durchscheinend rosa. Junge, sich eben aufrollende, Blätter sind kupferfarben. Philodendron panduriforme hat einen kräftigen, dunkelgrünen bis grau-grünen Stamm. Die Blätter sind bis 25 cm lang und von dunkelgrüner, glänzender Farbe. Durch ihre fünffache Lappung, deren Mittelteil zungenförmig nach vorne wächst, sehen sie aus wie eine Lanzenspitze. Philodendron melanchrysum (auch andreanum) hat gestreckt herzförmige bis

lanzenförmige Blätter von dunkelgrüner Farbe die an der Oberfläche wie mit Gold bestäubt aussehen. Die Blätter hängen herab und geben der Pflanze einen etwas ungewohnten Anblick. Diese Art ist empfindlicher und verlangt höhere Temperaturen und größere Luftfeuchtigkeit.

Verwendung und Standort:	Alle Philodendron-Arten können als Kletterpflanze am Spalier, als Ampelpflanze oder als Bodenbedecker im Wintergarten verwendet werden. Sie lieben einen absonnigen Standort, der jedoch hell sein soll. An dunkleren Standorten wachsen sie bei guter Pflege jedoch auch zufriedenstellend. Nur die buntgescheckten Arten versagen im vollen Schatten.
Wärme:	Während des ganzen Jahres sollen Philodendronarten bei Zimmertemperatur gehalten werden. Diese darf im Winter nicht unter 16 Grad fallen. Allzugroße Temperaturschwankungen während des Tages vertragen sie schlecht.
Wasserbedarf:	Während der Wachstumsperiode von März bis September gieße ich reichlich. Ab Oktober muß eine Ruheperiode eingehalten werden, die sich während des ganzen Winters hinzieht. Die Pflanzen erhalten dann weniger Wasser und keinen Dünger. Alle Philodendronarten sind Kinder der tropischen Regenwälder und brauchen eine hohe Luftfeuchtigkeit. Deshalb wasche ich die großblättrigen Arten jede Woche mit lauwarmem, abgestandenem Wasser ab. Die anderen Arten werden häufig übersprüht.
Düngung:	Von März bis September erhalten die Philodendronarten jede Woche 3 g/l eines Blumendüngers. Dünger wird nur auf den feuchten Ballen gegeben.
Erde:	Ich verwende Einheitserde oder humose Gartenerde mit Torf im Verhältnis von 2:1 gemischt.
Umpflanzen:	Jedes 3. Jahr erhalten die Philodendronpflanzen einen etwas größeren Topf.
Vermehrung:	Die Vermehrung geschieht durch Kopfstecklinge mit einigen Luftwurzeln, durch Stammstecklinge oder durch Abmoosen. Umpflanzen und Stecklingsvermehrung wird im Frühjahr vorgenommen.
Eignung zur Hydrokultur:	Philodendron entwickeln sich in Hydrokultur meistens besser als in normaler Erdkultur.
Schädlinge:	Die Pflanzen werden selten von Schädlingen befallen. Geilwuchs, Gelbwerden der Blätter oder Blattflecke haben meistens ihre Ursache in Pflegefehlern. (Vergießen, Nichteinhalten der Ruheperiode, zu sonniger Stand, usw.)
Besonderheiten:	Alle Philodendronarten bilden Luftwurzeln, die nicht abgeschnitten werden dürfen. Fallen die Wurzeln bis auf die Erde, so soll man sie in den Topf stecken oder in ein Gefäß mit entkalktem Wasser, dem man während des Sommers einen Spritzer eines Hydrodüngers zusetzen kann.

Primula obconica

Becherprimel
Primmel, Primmelchen, Primmelstack

Gattung:	Primulaceae, Primelgewächse
Heimat:	China
Wuchsform:	Die Becherprimel hat langgestielte, runde bis ovale grüne Blätter, die am Rande leicht gewellt sind. Die roten oder violetten, selten auch weißen Blüten, stehen in lockeren Dolden auf langen Stielen.
Verwendung und Standort:	Die Becherprimel ist eine mehrjährige, leicht zu haltende Zimmerpflanze. Im Sommer soll sie an einem halbschattigen Ort stehen. Im Winter ein wenig heller aber unbedingt weit von den Heizkörpern entfernt.
Wärme:	Alle Primelarten lieben einen kühlen Standort. Die Idealtemperatur liegt bei 15 bis 18 Grad. Wenn die Pflanzen zu warm stehen, verblühen sie sehr schnell. Im Winter fühlen sich die Becherprimeln am wohlsten bei Temperaturen um 12 Grad.
Wasserbedarf:	Während der Sommermonate wird die Pflanze regelmäßig gegossen. Es darf nie Wasser im Unterteller stehen. Ich rate Ihnen, die Primeln jeden Tag ein wenig zu gießen, anstatt nur alle paar Tage kräftig. Wenn durch irgend einen Umstand der Ballen einmal ausgetrocknet ist, so stelle ich die Pflanze während einiger Stunden in lauwarmes Wasser Im Winter wird die Becherprimel weniger gegossen, der Ballen muß jedoch immer feucht sein. Die Primeln lieben hohe Luftfeuchtigkeit. Wegen ihrer behaarten Blätter und Stiele verträgt die Becherprimel ein Übersprühen schlecht. Deshalb wende ich die Wasserschalenmethode an. In der Nähe von Heizkörpern versagt die Pflanze und geht ein.
Düngung:	Becherprimeln sind ganz empfindlich gegenüber zu hoher Salzkonzentration in der Erde. Ich dünge deshalb nur jede 2. Woche mit 2 g/l eines Blumendüngers und zwar in den Monaten April bis September.
Erde:	Für Becherprimeln verwende ich Einheitserde, die zu einem Viertel mit Schwemmsand gemischt wurde.
Umpflanzen:	Becherprimeln werden jedes Jahr im April in nicht zu große Töpfe umgepflanzt.
Vermehrung:	Primeln werden durch Samen vermehrt. Nach Aufgang müssen die Pflänzlinge pikiert werden.
Schnitt:	Die abgeblühten Blumen werden am Grunde des Stengels abgeschnitten.

Eignung zur Hydrokultur:	Wegen der beschränkten Lebensdauer lohnt sich die Kultur in Hydrogefäßen nicht.
Schädlinge:	Becherprimeln werden von Blattläusen befallen.
Besonderheiten:	Die Blätter und die behaarten Stengel der Blüten enthalten Primin, das durch Drüsen ausgeschieden wird und bei einigen Menschen Hautentzündungen hervorruft, sobald sie die Pflanze berühren. Als Gegenmittel wäscht man nach dem Berühren der Pflanze die Hände mit einer Sodalösung, mit Alkohol oder mit Essig. Neuerdings sind Züchtungen auf dem Markt, bei denen die Drüsenhaare fehlen. Sie rufen deshalb keine Allergien hervor.

Rhipsalidopsis gaertnerii

Osterkaktus
Ouschterkaktus

Gattung:	Cactaceae, Kaktusgewächse
Heimat:	Südamerika
Wuchsform:	Der Osterkaktus lebt in seiner Heimat epiphytisch als Halbschmarotzer auf Bäumen. Er ist stark verzweigt. Seine bis zu 5 cm langen flachen Glieder sind gekerbt und haben seitlich kleine Warzen mit kurzen gelbbraunen Borsten. Am oberen Blattrand sind die Borsten wesentlich länger. Die leuchtend roten Blüten sind 3 bis 4 cm breit und erscheinen im April.
Verwendung und Standort:	Der Osterkaktus liebt einen halbschattigen Platz bei sehr hohen Temperaturen. Wie alle Kakteen braucht er viel frische Luft. Es lohnt sich, das Zimmer öfters zu lüften, dies besonders im Sommer bei sonnigem Wetter.
Wärme:	Die Pflanze liebt sehr hohe Temperaturen. Bei Sonnenschein im Sommer soll sie 25 bis 30 Grad betragen, bei wolkigem Himmel immerhin noch 20 bis 22 Grad. Während des Winters darf die Temperatur nicht unter 16 Grad fallen. Eine Ausnahme ist der Monat Januar, während dem die Pflanze einen Temperaturschock erhalten soll, um Blüten anzusetzen. Zu diesem Zweck stellt man die Pflanze an einen hellen Ort und hält sie während zwei bis drei Wochen bei Temperaturen von 4 bis 6 Grad. Danach kommt sie wieder an ihren gewohnten Standort. Sobald sich Blütenknospen gebildet haben, darf die Pflanze nicht mehr bewegt werden, da sonst die Knospen ungeöffnet abfallen.

Wasserbedarf:	Osterkakteen sind sehr empfindlich gegen stauende Nässe. Im Sommer wird der Topfballen gleichmäßig feucht gehalten. Während des Winters wird weniger gegossen. Wird die Pflanze kalt gestellt, so wird sie fast trocken gelassen. Sobald sich die Blütenknospen zeigen, wird der Ballen wieder gleichmäßig feucht gehalten.
Erde:	Am besten eignet sich Kakteenerde. Die Pflanze gedeiht jedoch auch in Einheitserde, die zu je einem Drittel mit Torf und Schwemmsand gemischt wurde.
Umpflanzen:	Ein Umpflanzen ist nur selten nötig. Wenn die Pflanze für den alten Topf zu groß geworden ist, so wird im Frühjahr, nach der Blüte, die Pflanze vorsichtig in einen größeren Topf gepflanzt, auf dessen Grund eine Drainageschicht aus Blähton gelegt wurde. Plastiktöpfe eignen sich sehr gut für Kakteen.
Vermehrung:	Osterkakteen bilden nur sehr wenige Wurzeln. Deshalb werden sie meistens auf einen Erdkaktus gepfropft.
Schädlinge:	Keine.
Eignung zur Hydrokultur:	Osterkakteen eignen sich sehr gut für die Hydrokultur.
Besonderheiten:	Keine.

Rhododendron simsii

Azalee

Gattung:	Ericaceae, Heidekrautgewächse
Heimat:	China, Formosa.
Wuchsform:	Azaleen sind immergrüne, kleine Sträucher mit 2 bis 3 cm langen elliptischen, glänzend-dunkelgrünen Blättern. Die Blüten sind trichterförmig, 3 bis 5 cm breit von roter oder rosa Farbe. Durch Kreuzungen gelang es den Züchtern, Topfazaleen von fast allen Farbschattierungen hervorzubringen. Die Blütezeit dauert von Dezember bis Juni.
Verwendung und Standort:	Azaleen sind schöne, dekorative Blütenpflanzen, die unsere Zimmer in der blumenarmen Jahreszeit verschönern. Sie sollen während der Blütezeit kühl und halbschattig stehen. Zu warmer oder zu heller, sonniger Stand läßt die Pflanze

schnell verblühen. Bei richtiger Pflege kann jeder Pflanzenfreund, der einen Garten besitzt, die Azaleen wieder zum Blühen bringen und jahrelang Freude an ihnen haben.

Wärme:	Blühende Azaleen lieben einen halbschattigen kühlen Standort (um 18 Grad). Nach der Blüte wird die Azalee in einen noch kühleren Raum ohne direkte Sonnenbestrahlung gestellt. Dort bleibt sie bis zum Monat Mai. Nach den Eisheiligen wird die Pflanze im Garten unter Bäumen oder Sträuchern eingegraben. Direkte Sonnenbestrahlung während der Mittagszeit darf sie nicht haben. Als Moorbeetpflanze braucht die Azalee saure Erde. Ich werfe deshalb an der Pflanzstelle eine Grube von 40 mal 40 cm und 20 cm Tiefe aus, die ich mit Torf auffülle. In diesen Torf senke ich den Topf mit der Azalee. Im September werden die Azaleen wieder in ein kühles, helles Zimmer gebracht (Idealtemperatur um 10 Grad). Wenn die Blüten aufbrechen, kann die Pflanze wieder ins wärmere Wohnzimmer gestellt werden (Idealtemperatur 18 Grad).
Wasserbedarf:	Als Moorbeetpflanze darf die Azalee nicht mit kalkhaltigem Wasser gegossen werden. Ich nehme nur Regenwasser oder mit Torf oder 1 g/l schwefelsaurem Ammoniak neutralisiertes Leitungswasser, das immer temperiert sein soll. Während der Wachstums- und Blütezeit gieße ich häufig und reichlich. Azaleen werden immer von oben gegossen. Jede Woche werden die im Zimmer stehenden Azaleen bis zum Topfrand in ein Bad mit lauwarmem Wasser gestellt. Während der Entwicklung der Blütenknospen muß besonders vorsichtig gegossen werden. Auch die im Garten stehenden Azaleen müssen bei schönem Wetter häufig mit kalkfreiem Wasser gegossen werden. Jedes Trockenwerden des Wurzelballens bewirkt ein Abwerfen der Blätter und oft sogar den Tod der Pflanze. Azaleen brauchen feuchte Luft. Von März bis August werden die Pflanzen häufig mit Regenwasser übersprüht, auch die, die im Garten stehen. Nur bei der von mir angewandten Methode des Einpflanzens in Torf erübrigt sich diese Arbeit. Durch die Verdunstung des vom Torf reichlich gespeicherten Wassers wird die Luftfeuchtigkeit in der Umgebung der Pflanze hoch genug, um eine normale Entwicklung zu gewährleisten.
Düngung:	Azaleen erhalten von März bis August jede Woche 1 g/l eines **nicht kalkhaltigen** Düngers. Ich löse im Gießwasser einen speziellen Azaleendünger auf und gieße damit die Pflanzen. Die Düngung muß auch während des Aufenthaltes im Garten vorgenommen werden.
Erde:	Azaleen benötigen ein Gemisch aus Torf, verrottetem Pferdemist, Tannen- und Kiefernadeln. Wenn diese Mischung nicht zur Verfügung steht, kann die Pflanze auch in reinen Torf gepflanzt werden. Die Düngergaben müssen dann leicht erhöht werden (etwa 2 g/l pro Woche).
Umpflanzen:	Ich pflanze meine Azaleen jedes 2. Jahr nach der Blüte um, kurz bevor sie in den Garten gestellt werden.
Vermehrung:	Die Vermehrung der Azaleen ist nur in Spezialgärtnereien möglich.
Schnitt:	Ich schneide meine Azaleen vor dem Auspflanzen ins Freie leicht zurück. Dadurch erreiche ich ein buschiges Wachstum und heile den eventuell durch zu dunklen oder zu warmen Standort hervorgerufenen Geilwuchs.
Eignung zur Hydrokultur:	Wegen der speziellen Pflege ist diese Pflanze nicht für Hydrokultur geeignet.
Schädlinge:	Viele tierische und pilzliche Schädlinge befallen die Azaleen. Gelbwerden der Blätter deutet auf zu hohen Kalkgehalt der Erde oder des Gießwassers hin. Blattfall entsteht bei zu trockenem Topfballen.
Besonderheiten:	Tontöpfe müssen vor dem Einpflanzen von Azaleen während einiger Tage gewässert werden. Auch Plastiktöpfe können, nachdem sie einfach abgewaschen wurden, verwendet werden.
Arten:	Neben der beschriebenen Art bieten die Gärtner die Arten R. amoenum und R.

japonicum an. Diese haben längere, hellgrünere Blätter, wachsen ein wenig aufrechter und haben rosa, trichterförmige Blüten von 3 cm Durchmesser. Die Pflege dieser Arten ist die gleiche wie für R. simili.

Rhoicissus rhomboida

Königswein
Russesche Wäin, Zömmerrief

Diese Pflanze wird neuerdings unter dem Namen Cissus rhomboidea oder Cissus rhombifolia geführt. Sie wurde unter dem Stichwort Cissus beschrieben.

Rochea crassula

Rochea

Gattung:	Crassulaceae, Dickblattgewächse
Heimat:	Südafrika
Wuchsform:	Die Crassula ist ein Halbstrauch mit aufrechtwachsenden, dicht mit gegenständigen Blättern besetzten Stengeln, an deren Spitze die vielblätterigen Trugdolden der Blüte erschienen. Die Blüte ist rot oder weiß. Verschiedene Arten sind rot und weiß und werden als bicolor bezeichnet. Andere Arten von Rochea haben flache, fast kriechende Sprossen und tragen nur wenige Blüten (z.B. Rochea jasmìna, die dem echten Jasmin in der Form ähnelt).
Verwendung und Standort:	Eine sehr dankbare Zimmerpflanze, die sehr hell und sonnig stehen sollte. Die Blüten erscheinen von Juli bis November.
Wärme:	Rochea wird bei normaler Zimmertemperatur gehalten. Während der Blütezeit stelle ich sie etwas kühler (18 Grad), damit die Blüte länger hält. Im Winter, von Dezember bis Februar, gehören die Pflanzen an ein helles, sonniges Fenster, dessen Temperatur zwischen 6 und 10 Grad liegt. Steht die Rochea während des Winters zu warm, bilden sich im Sommer keine Blüten.

Wasserbedarf:	Ab Monat Mai gieße ich reichlich bis in den Spätsommer. Ab September werden die Wassergaben eingeschränkt um in den Monaten Dezember bis Februar ganz eingestellt zu werden. Ab Februar werden die Wassergaben wieder langsam gesteigert. Wenn die Trockenperiode im Winter nicht eingehalten wird, werden die Blätter der Pflanzen braun. Rochea verträgt trockene Zimmerluft.
Düngung:	Während der Monate Mai bis August gebe ich der Rochea jede 2. Woche 2 g/l eines Blumendüngers.
Erde:	Für Rochea verwende ich Einheitserde.
Umpflanzen:	Die Rochea wird alle 2 bis 3 Jahre in nicht zu große Töpfe verpflanzt.
Vermehrung:	Rochea wird durch Kopfstecklinge vermehrt, die im Mai in ein Torf-Sandgemisch gesteckt werden und sich bei Zimmertemperatur bewurzeln. Die Stecklinge benötigen viel Licht.
Schnitt:	Die Stengel werden nach der Blüte bis handhoch über der Erde zurückgeschnitten.
Eignung zur Hydrokultur:	Rochea eignet sich sehr gut für die Kultur in Hydrotöpfen.
Schädlinge:	Mit der Erde ins Zimmer gelangte Schnecken fressen an den fleischigen Blättern. Blattflecke werden durch zu warmes Winterquartier hervorgerufen.
Besonderheiten:	Keine.

Saintpaulia ionantha

Usumbaraveilchen
Usumbaravioul

Gattung:	Gesneriaceae, Gesneriengewächse
Heimat:	Ostafrika
Wuchsform:	Usumbaraveilchen haben fast keine Stengel. Die dunkelgrünen, runden, fleischigen dichtbehaarten Blätter stehen rosettenartig auf dem Wurzelhals. Die Blattstiele, die ebenfalls dicht behaart sind, haben einen rötlichen Schimmer. In der Mitte der Rosette wachsen auf kurzen Stielen je 4 bis 8 violett-blaue Blüten mit gelben Staubgefäßen. Neuere Züchtungen haben auch rosa, weiße und gefüllte Blüten.

Verwendung und Standort:	Usumbaraveilchen sind reichblühende, dekorative Pflanzen, die im Sommer halbschattig, im Winter hell, jedoch nie in voller Sonne stehen sollen. Die Pflanze blüht während des ganzen Jahres.
Wärme:	Usumbaraveilchen lieben Temperaturen um 18 bis 20 Grad, die aber nicht unter 16 Grad fallen sollen. Zugluft verträgt sie nicht.
Wasserbedarf:	Der Topfballen der Usumbaraveilchen wird das ganze Jahr hindurch gleichmäßig feucht gehalten, darf jedoch nie naß sein. Usumbaraveilchen vertragen kein Wasser auf den Blättern und auf den Blattstielen. Ich gieße deshalb immer mit lauwarmem Wasser in den Unterteller. Das nach einer halben Stunde nicht aufgesaugte Wasser wird wieder abgegossen. Normalerweise genügt es, die Pflanzen jeden 4. oder 5. Tag zu gießen. Übermäßige Nässe läßt die Wurzeln faulen und die Pflanzen eingehen. Usumbaraveilchen lieben hohe Luftfeuchtigkeit, dürfen aber wegen der Fäulnisanfälligkeit der Blätter nicht übersprüht werden. Ich wende besonders während der Heizperiode die Wasserschalenmethode an.
Düngung:	Usumbaraveilchen sind empfindlich gegenüber zu großer Salzkonzentration in der Erde. Ich gebe meinen Pflanzen jede 2. Woche 1 g/l eines Volldüngers. Wenn fester Dünger verwendet wird, so darf er nur auf feuchten Ballen ausgebracht werden.
Erde:	Ich verwende für meine Usumbaraveilchen Einheitserde mit einem leichten Zusatz von Schwemmsand.
Umtopfen:	Usumbaraveilchen werden von März bis Juli in flache Schalen umgetopft.
Vermehrung:	Usumbaraveilchen werden durch Blattstecklinge in einem Torf-Sandgemisch bei normaler Zimmertemperatur vermehrt. Die beste Zeit für die Vermehrung ist der Frühling.
Eignung zur Hydrokultur:	Usumbaraveilchen sind sehr dankbare Hydrokulturpflanzen.
Schädlinge:	Bei zugigem Stand werden die Pflanzen von Spinnmilben befallen.
Besonderheiten:	Blühunwillige Usumbaraveilchen kann man durch Einschränken der Düngergaben und durch Auszupfen der kleinen, sich in der Mitte der Rosette bildenden Blätter, zum Blühen bringen.

Sanseviera trifasciata

Bogenhanf
Schwéiermammszong

Gattung:	Liliaceae, Liliengewächse
Heimat:	Tropisches Afrika.
Wuchsform:	Aus einem kurzen, dicken Wurzelstock wachsen aufrechte, bis 60 cm hohe, riemenförmige, oben spitzauslaufende, dicke, fleischige Blätter. Diese sind graugrün und haben querlaufende weißliche und dunkelgrüne Streifen. Verschiedene Arten sind einfarbig grün und haben gelbliche Blattränder. Die unscheinbare, weiße, nachts stark duftende Blüte steht in Rispen und erscheint nur bei älteren Pflanzen.
Verwendung und Standort:	Sansevieren sind anspruchslose Pflanzen, die Trockenheit und Wärme vertragen und lange Periode ohne Pflege überstehen können. Sie gedeihen sowohl an einem hellen Standort wie auch an einem dunklen. Bei zu dunklem Stand verliert die Sansevieria ihre schöne Blattzeichnung.
Wärme:	Sansevieren fühlen sich am wohlsten bei Temperaturen um 20 Grad. Höhere Temperaturen schaden ihr jedoch nicht. Nur im Winter muß darauf geachtet werden, daß das Thermometer nicht unter 10 Grad fällt.
Wasserbedarf:	Während des Sommers muß regelmäßig, aber wenig gegossen werden. Bei zu großer Nässe faulen die Wurzeln. Im Winter wird die Sansevieria trocken gehalten. Dabei kann der Ballen fast ausgetrocknet sein. Wird diese Pflegevorschrift nicht eingehalten, so faulen die Pflanzen am Wurzelhals. Sansevieren gedeihen sehr gut in trockener Zimmerluft.
Düngung:	Ich gebe den Sansevieren von März bis August jede Woche 2 g/l eines Blumendüngers.
Erde:	Für Sansevieren verwende ich Einheitserde oder eine Mischung aus Gartenerde, Sand und Torf.
Umpflanzen:	Die Sansevieren werden alle 3 Jahre in geräumige, aber flache Töpfe umgepflanzt.
Vermehren:	Sansevieren werden durch Blattstecklinge vermehrt. Ein Blatt wird in 3 bis 4 cm lange Stücke geschnitten. Nachdem die Schnittstellen während einiger Stunden antrocknen gelassen wurden, werden sie in ein Torf-Sand-Gemisch gesteckt. Damit oben und unten nicht verwechselt wird, markiere ich mir die Stecklinge beim Zerschneiden.

Eignung zur Hydrokultur:	Sansevieren sind gute Hydrokulturpflanzen.
Schädlinge:	Keine.
Besonderheiten:	Keine.

Schefflera
Strahlenaralie

Gattung:	Araliaceae, Araliengewächse
Heimat:	Australien
Wuchsform:	Die Strahlenaralie wächst baumartig und erreicht im Zimmer Höhen bis zu anderthalb Meter. Der Stamm ist hellbraun und wenig verzweigt. Die gestielten, länglich-ovalen, lederartigen Blätter sitzen zu drei bis fünf an langen Stielen. Im Alter nimmt die Zahl, der an einem Stiel sitzenden Blätter zu. Oft kann man bis zu ein Dutzend Einzelblätter an einem Stiel finden. Bei älteren Pflanzen zeigen sich die kleinen kurzgestielten roten Blüten während der Monate April bis Mai.
Verwendung und Standort:	Die Schefflera soll an einem halbschattigen, aber gut gelüfteten Platz stehen. Direkte Sonne verträgt sie nicht. Sie ist vor Zugluft zu schützen.
Wärme:	Während des Sommers soll die Temperatur zwischen 15 und 20 Grad liegen. Schefferen vertragen einen Aufenthalt im Freien an einer geschützten Stelle eines Balkons oder einer Terrasse. Im Winter soll die Pflanze bei 15 bis 18 Grad gehalten werden.
Wasserbedarf:	Schefferen gieße ich während der Monate April bis August reichlich. Während dieser Periode wird die Pflanze auch oft übersprüht um die nötige Luftfeuchtigkeit zu erreichen. Während des Winters wird nicht viel gegossen. Ich gebe nur soviel Wasser, daß der Ballen nicht austrocknet. Während dieser Zeit richtet sich der Wasserbedarf nach der Umgebungstemperatur. Je höher letztere ist, desto mehr Wasser braucht die Pflanze.
Düngung:	Von April bis September gebe ich der Schefflera jede Woche 3 g/l eines Blumendüngers.
Erde:	Für die Schefflera verwende ich Einheitserde.

Umpflanzen:	Die Schefflera wird alle 2 Jahre während der Monate Februar bis März umgepflanzt.
Vermehrung:	Die Schefflera wird durch Samen vermehrt. Wegen der sehr hohen Keimtemperatur ist die Anzucht im Zimmer jedoch recht schwierig.
Schnitt:	Nicht erfordert.
Eignung zur Hydrokultur:	Scheffleren sind dankbare Hydrokulturpflanzen.
Schädlinge:	Die Strahlenaralie wird leicht von Blattläusen, Wolläusen, Spinnmilben und Thrips befallen. Die Anfälligkeit für diese Schädlinge steigt, wenn die Pflanze zu warm, zu kalt oder aber im Durchzug steht.
Besonderheiten:	Keine.

Scindapsus aureus, Rhaphidophora aurea

Efeutute

Gattung:	Araceae, Aronstabgewächse
Heimat:	Salomoninseln
Wuchsform:	Der stark verzweigte, kletternde Stengel trägt herzförmige, ganzrandige, derbe Blätter. Diese sind immer asymetrisch, d.h. vom Mittelnerv aus gesehen ist die eine Seite größer als die andere. Sie haben eine hellgrüne Farbe und sind gelblich gestreift oder gefleckt.
Verwendung und Standort:	Die Efeutute ist eine anspruchslose Zimmerpflanze, die als Kletterpflanze an Spalieren, als Ampelpflanze und an Epiphytenstämmen gehalten werden kann. Sie verlangt normale Zimmertemperaturen und stellt keine großen Ansprüche ans Licht. Nur während des Winters soll sie ein wenig heller in einem warmen Zimmer stehen.
Wärme:	Efeututen wachsen bei normaler Zimmertemperatur, die im Winter nicht unter 1 Grad fallen sollte.
Wasserbedarf:	Während der Sommermonate werden die Efeututen regelmäßig gegossen. Stauende Nässe muß unbedingt vermieden werden. Im Winter halte ich die Pflanzen fast trocken. Während des Sommers überbrause ich die Efeutute täglich.

Düngung:	Ich gebe den Pflanzen von April bis Oktober wöchentlich 3 g/l eines Blumendüngers.
Erde:	Efeututen wachsen gut in Einheitserde oder in einer Mischung aus Lauberde und Torf (2:1).
Umpflanzen:	Während der Monate Februar und März, sobald das Wachstum einsetzt, werden die Efeututen in nicht zu große Töpfe oder Schalen gepflanzt. Ich sorge dabei immer für eine gute Drainage, indem ich eine 2 bis 3 cm dicke Schicht von Blähton auf den Boden der Schale lege.
Vermehrung:	Die Vermehrung geschieht durch Kopfstecklinge, die im Frühling in ein Gemisch von Torf und Sand gesteckt werden.
Schnitt:	Ein Schnitt ist bei der Efeutute nicht erfordert.
Schädlinge:	Efeututen gehören zu den wenig anfälligen Zimmerpflanzen.
Eignung zur Hydrokultur:	Scindapsusarten sind sehr dankbare Hydrokulturpflanzen.
Besonderheiten:	Keine.

Sinningia speciosa

Gloxinie
Gloxinia

Gattung:	Gesneraceae, Gesneriengewächs
Heimat:	Südbrasilien
Wuchsform:	Gloxinien sind niedrige, krautartige Pflanzen mit einem knollenartigen Rhizom. Die Blätter sind straff, dunkelgrün und filzig behaart. Über den ovalen Blättern erscheinen die aufrechtstehenden, glockenförmigen Blüten, deren Durchmesser bis zu 5 cm erreichen kann. Die Blütezeit liegt in den Monaten Mai bis September.
Verwendung und Standort:	Gloxinien sind empfindliche Zimmerpflanzen, die am besten in Blumenfenstern mit gleichbleibender Temperatur und hoher Luftfeuchtigkeit gedeihen. Im Zimmer sollen sie hell bis halbschattig, ohne direkte Sonnenbestrahlung stehen.
Wärme:	Während der Monate Februar bis September brauchen Gloxinien normale Zimmertemperaturen von 18 bis 20 Grad. Die Knolle wird vollständig trocken bei 15 Grad überwintert.

Wasserbedarf:	Während der Wachstumsperiode muß der Topfballen regelmäßig feucht gehalten werden. Das Gießwasser soll 25 Grad haben. Zu kaltes Wasser bewirkt einen Kälteschock, der schweren Schaden an den Pflanzen hinterläßt. Ab Oktober wird das Gießen eingeschränkt. Sobald die Blätter welken, werden die Wassergaben ganz eingeschränkt. Die Knolle wird dann bei 15 Grad trocken überwintert. Die Gloxinien brauchen feuchte Luft, sonst rollen sich die Blätter zusammen. Wegen der filzig-behaarten Blätter darf die Pflanze jedoch nicht übersprüht werden. Ich empfehle Ihnen deshalb, bei Gloxinien immer die Wasserschalenmethode anzuwenden. Zugluft ist für die Gloxinie tödlich.
Düngung:	Von März bis zur Blütezeit erhalten die Gloxinien jede 2. Woche 3 g/l eines Blumendüngers.
Erde:	Ich verwende für Gloxinien Einheitserde. Eine Mischung von gleichen Teilen aus Mistbeeterde, Lauberde, Torf und Sand kann auch verwendet werden.
Umpflanzen:	Im Februar wird die trocken überwinterte Knolle in flache Schalen gelegt und mit 2 cm Erde zugedeckt. Die Schalen kommen dann sofort ins warme Zimmer, wo die Knollen sehr schnell treiben.
Vermehrung:	Gloxinien werden durch Samen vermehrt. Im Zimmer ist dies jedoch fast nicht möglich.
Schnitt:	Nach dem Einziehen der Blätter werden diese von der Knolle abgeschnitten.
Eignung zur Hydrokultur:	Gloxinien können in Hydrokultur gehalten werden. Ab September wird der Pflanze das Wasser entzogen.
Schädlinge:	Ab und zu befallen Blattläuse die Gloxinien.
Besonderheiten:	Keine.

Solanum Pseudocapsicum

Korallenkirsche

Gattung:	Solanaceae, Nachtschattengewächse.
Heimat:	Insel Madeira
Wuchsform:	Die Korallenkirsche wächst lose strauchförmig. Die langen Äste sind kahl und dicht mit spitz-ovalen, am Rande gewellten Blättern besetzt. Die bis 1 cm großen,

	weißen Blüten sitzen allein oder in Paaren an kurzen Stielen. Aus ihnen entwickeln sich kirschengroße, gelbe, orangene oder rote Beeren.
Verwendung und Standort:	Eine während der Fruchtzeit sehr dekorative, genügsame Zimmerpflanze, die einen hellen bis halbschattigen Standort liebt. Im Spätsommer braucht sie Sonne, damit die Früchte reifen und ausfärben. Die Pflanze blüht von Juli bis September. Die Früchte erscheinen von September bis Oktober und halten sehr lange an der Pflanze.
Wärme:	Während des Sommers liebt die Pflanze normale Zimmertemperaturen. Nach dem Fruchtansatz stell ich sie an einen kühleren Ort (10-15 Grad), damit die Früchte länger an den Zweigen bleiben.
Wasserbedarf:	Im Sommer gieße ich die Korallenkirsche reichlich. Im Winter schränke ich die Wassergaben etwas ein, ohne jedoch ein Austrocknen des Ballens zuzulassen. Die Pflanze verträgt trockene Zimmerluft.
Düngung:	Die Solanum erhält während der Monate April bis August jede 2. Woche 3 g/l eines Volldüngers.
Erde:	Ich verwende für die Korallenkirsche Einheitserde.
Umpflanzen:	Die Pflanzen werden jedes 2. Jahr, kurz vor Blühbeginn, umgetopft.
Vermehrung:	Die Vermehrung erfolgt durch Samen, ist aber für die Zimmergärtnerei sehr schwierig.
Schnitt:	Nach Abfallen der Früchte schneide ich die Pflanzen stark zurück. Dadurch erreiche ich einen buschigen Wuchs und stets verjüngte Pflanzen.
Eignung zur Hydrokultur:	Die Pflanzen wachsen in Hydrokultur, müssen aber meistens erst von Erdkultur auf Hydrokultur umgestellt werden, was nicht jedermanns Sache ist.
Schädlinge:	Die Pflanzen sind anfällig für Thrips, Blattläuse und Spinnmilben.
Besonderheiten:	Im Zimmer müssen die Blüten mit einem Pinsel bestäubt werden. Die Früchte der Solanum sind giftig.

Solanum capsicastrum

Korallenbäumchen, Korallenstrauch

Heimat:	Brasilien und Uruguay.
Wuchsform:	Der Korallenstrauch ist der vorhergehenden Art sehr ähnlich. Die Zweige sind jedoch weichhaarig und die Blüten stehen in kleinen Trauben. Die Früchte sind etwas kleiner als die der Korallenkirsche.
Pflege:	Die Pflege des Korallenstrauches ist die gleiche wie der Korallenkirsche.

Sparmannia africana

Zimmerlinde
Lannestack, Zömmerlann

Gattung:	Tiliaceae, Lindengewächse.
Heimat:	Südliches Afrika.
Wuchsform:	Zimmerlinden sind hohe Sträucher mit langstieligen, weichen, hellgrünen bis zu 20 cm breiten Blättern. Die Blüten erscheinen bei richtiger Pflege von Januar bis März. Die Blüten bilden eine Trugdolde. Sie sind weiß mit auffallenden gelben bis rostbraunen Staubgefäßen, die sich bei Berührung spreizen.
Verwendung und Standort:	Zimmerlinden werden bis zu 1,50 Meter hoch, brauchen deshalb einen ausreichend geräumigen Standort. Sie lieben helle Zimmer, Flure und Veranden, dürfen aber nie der Sonne ausgesetzt werden. Ein Aufenthalt im Freien sagt der Zimmerlinde nicht zu, die weichen Blätter würden vom Winde zerstört. Der Standort der Zimmerlinde soll oft gelüftet werden. Zugluft verträgt sie jedoch nicht.
Wärme:	Im Sommer werden die Zimmerlinden bei normaler Zimmertemperatur gehalten, während des Winters darf die Temperatur nicht unter 8 und nicht über 12 Grad liegen.
Wasserbedarf:	Während des Sommers gieße ich reichlich. Es darf jedoch kein Wasser im Unterteller stehen bleiben. Im Winter wird weniger Wasser gegeben. Die Pflanze verträgt trockene Luft.
Düngung:	Von März bis Mitte September erhalten die Zimmerlinden 3 g/l eines Blumendüngers.
Erde:	Ich verwende für die Zimmerlinden Einheitserde, bei älteren Pflanzen auch Mistbeeterde.
Umpflanzen:	Die Zimmerlinden werden jede 2 bis 3 Jahre im Februar umgepflanzt.
Vermehrung:	Zimmerlinden lassen sich leicht durch halbharte Kopfstecklinge im Sommer oder durch Samen im Frühjahr vermehren. Stecklinge werden in ein Torf-Sand-Gemisch unter Folie bei 20 Grad gezogen, Sämlinge in einem Minigewächshaus am Fenster bei Temperaturen um 22 Grad.
Schnitt:	Nach der Blüte im Mai schneide ich die jungen Triebe stark zurück um eine buschige Wuchsform zu erreichen.
Eignung zur Hydrokultur:	Zimmerlinden gedeihen ausgezeichnet in Hydrokultur.

Schädlinge:	Zimmerlinden werden von Spinnmilben und von Blattläusen befallen. Bei zu dunklem Stand vergilben die Blätter.
Besonderheiten:	Keine.

Stephanotis foribunda
Kranzschlinge

Gattung:	Asclepiadaceae, Seidenpflanzengewächse
Heimat:	Madagaskar, Indonesien
Wuchsform:	Die Kranzschlinge ist eine Schlingpflanze mit ovalen, immergrünen, dunklen, glänzenden Blättern, die 7 bis 10 cm lang werden. Von Juni bis September erscheinen die wachsartigen, weißen, sternförmigen Blüten mit einem 4 bis 5 cm langen röhrenförmigen Grund. Die Blüte duftet sehr angenehm, was der Pflanze den ab und zu gebrauchten Namen „Madagaskarjasmin" eingebracht hat.
Verwendung und Standort:	Die Kranzschlinge liebt einen hellen aber nicht sonnigen Standort am Fenster. Sie wird an Spalieren gezogen oder zu einem Kranz gebunden und bleibt das ganze Jahr über am selben Platz. Zu häufigen Standortwechsel verträgt die Pflanze nicht.
Wärme:	Im Sommer braucht die Pflanze normale Zimmertemperatur, im Winter gedeiht sie am besten bei Temperaturen von 10 bis 14 Grad. Der Standort der Stephanotis soll oft gelüftet werden. Zugluft muß dabei vermieden werden.
Wasserbedarf:	Im Sommer wird regelmäßig gegossen, ohne daß stauende Nässe entsteht. Im Winter wird der Ballen feucht gehalten. Die Wassergaben werden stark eingeschränkt.
Düngung:	Kranzschlingen erhalten jede Woche 3 g/l eines Blumendüngers während der Monate März bis September
Erde:	Stephanotis gedeiht am besten in Blumen- oder in Einheitserde.
Umpflanzen:	Die Pflanze wird jedes 3. Jahr im Januar oder Februar umgetopft. Dabei muß für eine gute Drainage gesorgt werden. Ich gebe eine 4 cm hohe Schicht aus Blähton auf den Grund des Topfes.
Vermehrung:	Die Vermehrung erfolgt im Frühjahr durch Kopfstecklinge. Diese werden in

	einem Torf-Sandgemisch unter einer Folienhaube bei Temperaturen von 23 bis 25 Grad bewurzelt.
Schnitt:	Die Pflanze wird im Prinzip nicht geschnitten. Die Triebe werden immer wieder hochgebunden, damit die Blüten sich unbehindert entfalten können. Ältere Pflanzen können jedoch durch einen kräftigen Rückschnitt verjüngt werden.
Eignung zur Hydrokultur:	Kranzschlingen sind für Hydrokultur gut geeignet.
Schädlinge:	Die Stephanotis wird von Schild- und Wolläusen befallen.
Besonderheiten:	Keine.

Tillandsia

Tillandsie

Gattung:	Bromeliaceae, Ananasgewächse, Bromelien
Heimat:	Ecuador
Wuchsform:	In ihrer Heimat wächst die Pflanze epiphytisch auf Bäumen. Im Gegensatz zu vielen andern Bromelienarten hat die Tillandsie gut ausgebildete Wurzeln. Tillandsien haben eine dichte Blattrosette mit vielen schmalen, glattrandigen, überhängenden Blättern. Die Blätter sind einfarbig grün oder gelblich beschuppt. Die Blüten stehen in dichten zweischeidigen Ähren mit rosa Hochblättern. Sie sind ziemlich groß und von blauer Farbe.
Verwendung und Standort:	Die grünblättrigen Arten lieben einen Platz im Halbschatten, die geschuppten sollen heller stehen ohne aber direkt besonnt zu werden. Die Temperatur soll das ganze Jahr hindurch zwischen 20 und 25 Grad liegen.
Pflege:	Siehe unter Guzmania.

Vriesia
Vriesia

Gattung:	Bromeliaciae, Ananasgewächse, Bromelien
Heimat:	Brasilien
Wuchsform:	Die Pflanze bildet eine bis 80 cm breite Rosette aus vielen, bis 60 cm langen, 6 bis 8 cm breiten glattrandigen Blättern. Diese sind grün und haben an den Seiten schwarz-grüne Querstreifen, die an Hieroglyphen erinnern, daher der Name V. hieroglyphica. Die Art V. splendens hat dunkelgrüne Blätter mit rötlichen Diagonalstreifen. Die Blüten sind gelb mit roten Hochblättern.
Verwendung und Standort:	Die Pflanze, die meist wegen ihrer schönen Blätter gehalten wird, braucht einen absonnigen, hellen Platz mit hoher Luftfeuchtigkeit.
Pflege:	Siehe unter Aechma fasciata.

Yucca

Palmlilie, Josuabaum, Adamsnadel Jucka

Gattung:	Agavaceae, Agavengewächse.
Heimat:	Südliche Vereinigte Staaten und Mittelamerika.
Wuchsform:	Die Palmlilie wird bei uns in verschiedenen Arten und Formen angeboten. Am bekanntesten sind wohl die Stämme, an deren Spitze 2 bis 3 dichte Büschel von 25 bis 30 cm langen steifen, schmalen, am Rande dicht gesägten, dunkelgrünen Blättern mit einer bedornten Spitze seitlich herauswachsen. Andere Arten haben keinen Stamm oder dieser ist auf wenige Zentimeter reduziert. Die Art Y. recurvifolia hat einen kurzen verzweigten Stamm mit vielen (bis zu 100) graugrünen, leicht überhängenden, weichen, kaum gezähnten und nicht stechenden Blättern. Bei beiden Arten gibt es Unterarten mit gelbgestreiften Blättern. Die Blüte erscheint im Juli und besteht aus einer bis zu einem Meter hohen Rispe mit weißen glockenförmigen Blüten. Im Zimmer blüht die Yucca selten. Man kann aber in Vorgärten verschiedene winterharte Arten während des Sommers in voller Blütenpracht bewundern.
Verwendung und Standort:	Yuccas sind Modepflanzen geworden. Sie brauchen ziemlich viel Platz. Nur in der Jugend werden sie als Fensterpflanzen benutzt. Ältere Yuccas gehören in Dielen, große Wohnräume, auf Terrassen oder in Wintergärten. Alle Arten lieben einen hellen Stand, der im Zimmer jedoch nicht besonnt sein darf. In der freien Luft darf die Pflanze auch sonnig stehen.
Wärme:	Während des Sommers lieben Yuccas normale Zimmertemperaturen. Im Winter müssen sie kühl bei Temperaturen zwischen 5 und 10 Grad gehalten werden. Zu warmer Stand während der lichtarmen Zeit bewirkt Gelbwerden der Blätter.
Wasserbedarf:	Im Sommer wird vorsichtig gegossen. Der Ballen soll immer feucht sein, ohne daß Staunässe entsteht. Im Winter wird die Pflanze fast nicht gegossen. Ich sorge nur für eine leichte Durchfeuchtung des Ballens.
Düngung:	Von April bis September erhalten die Pflanzen jede Woche 3 g/l eines Blumendüngers.
Erde:	Yuccas pflanze ich in Einheitserde. Durch eine Blähtonschicht am Grunde des Topfes sorge ich für einen guten Wasserabzug.
Umpflanzen:	Jüngere Pflanzen werden jedes Jahr im Frühling umgepflanzt, ältere nur alle 2 bis 3 Jahre.
Vermehrung:	Die Vermehrung erfolgt durch Seitentriebe oder durch Samen.

Eignung zur Hydrokultur:	Yuccas sind sehr dankbare Hydrokulturpflanzen.
Schädlinge:	Palmlilien sind bevorzugte Wirte von Spinnmilben und Blattläusen. Zu nasser Stand im Winter führt zu Wurzelfäulnis. Ich topfe dann die Pflanze aus und entferne die beschädigten Wurzeln. Dabei werden die Schnittstellen mit Holzkohlenstaub desinfiziert.
Besonderheiten:	Keine.

Zantedeschia

Kalla, Zimmerkalla
eselsouer, Kallefsouer, Kallefinen

Gattung:	Araceae, Aronstabgewächse.
Heimat:	Im Sommer trockene Sumpfgebiete Südafrikas.
Wuchsform:	Die Kalla hat einen dicken, fleischigen Wurzelstock aus dem bis 1 m lange gestielte, pfeilförmige, fleischige Blätter wachsen. Der gelbe Blütenkolben ist bei der Calla aethiopica von einem weißen, bei der Calla albo-macolata cremefarbenen Hochblatt trichterförmig eingehüllt.
Verwendung und Standort:	Die Kalla ist eine sehr dekorative Zimmerpflanze, die sehr hell gehalten werden kann. Sie muß vor dichter Besonnung geschützt werden. Im Juni wird die Kalla in den Garten direkt in die Erde eingepflanzt. Im September wird sie wieder eingetopft und ins Zimmer genommen. Die Z. aethiopica blüht von Dezember bis Mai, die anderen Arten von Juli bis September. Diese werden deshalb auch nicht in den Garten gepflanzt.
Wärme:	Während des Sommers müssen die Pflanzen luftig und nicht zu warm stehen (18 bis 20 Grad). Im Winter brauchen sie niedrige Temperaturen, die nicht unter 5 Grad fallen, 10 bis 12 Grad aber nicht übersteigen dürfen. Nur Z. aethiopica wird schon ab Neujahr wärmer gehalten (15 bis 18 Grad) um die frühe Blütenbildung zu fördern.
Wasserbedarf:	Als Sumpfpflanze braucht die Kalla sehr viel Wasser. Sie wird täglich gegossen. Eine Reserve soll immer im Unterteller stehen. Die im Zimmer stehenden Pflanzen werden täglich übersprüht. Ab Mai wird die Z. aethiopica nicht mehr gegossen. Die Blätter trocknen ein. Ab Juli treibt die Pflanze wieder aus. Die

	andern Kalla-Arten werden im Winter trocken gehalten und treiben im Frühjahr wieder aus.
Düngung:	Ich gebe den Kallapflanzen jede Woche 3 g/l eines Blumendüngers auf den feuchten Topfballen. Am besten hat sich flüssiger Hydrodünger bewährt. Während der Ruhezeit wird nicht gedüngt.
Erde:	Kallas werden in Einheitserde gehalten.
Umpflanzen:	Jedes Jahr nach der Ruheperiode, bei Triebbeginn, pflanze ich die Kalla um.
Vermehrung:	Die Pflanze wird durch Teilung oder durch Ausläufer vermehrt.
Schnitt:	Die verdorrten Blätter und Blüten werden abgeschnitten.
Eignung zur Hydrokultur:	Die Pflanzen eignen sich vorzüglich zur Hydrokultur. Während der Ruheperiode wird das Wasser entzogen.
Schädlinge:	Bei hellem und zu trockenem Standort befällt die Rote Spinne die Pflanze.
Besonderheiten:	Wenn die Ruheperioden nicht eingehalten werden, bringt diie Pflanze keine Blüten.

Zygocactus truncatus, Schlumbergera truncata

Weihnachtskaktus
Chröschtkaktus

Gattung:	Cactaceae, Kaktusgewächse.
Heimat:	Südbrasilien
Wuchsform:	Dieser Gliederkaktus gehört zu den Halbschmarotzern, die in ihrer Heimat auf Bäumen wachsen. Er bildet kleine Sträucher mit zweikantigen, flachen, am Rande eingekerbten Gliedern. Die Blüten sind zweiseitig, etwas schief und von roter oder rosa Farbe. Die Griffel überragen die Blütenblätter weit. Die Wurzeln sind nur wenig ausgebildet, so daß gekaufte Pflanzen oft auf andere Kaktusarter aufgepropft sind.
Verwendung und Standort:	Weihnachtskakteen sind sehr schöne, dekorative Pflanzen, die während der Weihnachtszeit eine farbige Note ins Zimmer bringen. Sie sind nicht ganz leicht zu pflegen, können aber in jeder Wohnung gehalten werden. Sie brauchen einen luftigen, absonnigen, hellen Platz und dürfen nach dem Blütenansatz nicht mehr gewendet werden, da sonst die Knospen ungeöffnet abfallen.

Wärme:	Nach der Blüte von Februar bis März braucht die Pflanze eine Ruheperiode bei Temperaturen um 10 Grad. Nach dieser Zeit tritt die Wachstumsperiode ein. Die Pflanze wird dann bei Temperaturen zwischen 15 und 18 Grad gedüngt und gegossen. Von Juni bis August wird wieder eine Ruheperiode bei normaler Zimmertemperatur eingehalten. Diese Ruhe ist unbedingt erfordert, damit der Kaktus Blüten ansetzt. Ab September wird er bei 15 bis 18 Grad gehalten. Nach dem Erscheinen der Blütenknospen darf die Temperatur etwas höher liegen, jedoch nicht über 20 Grad. Temperaturschwankungen werden von diesem Kaktus schlecht vertragen.
Wasserbedarf:	Von April bis Juni wird reichlich gegossen und die Pflanzen werden öfters übersprüht. Von Juni bis August werden die Wassergaben stark eingeschränkt, die Glieder dürfen sogar ein wenig runzeln. Ab September wird wieder mäßig gegossen und übersprüht. Während der Blütenentwicklung werden die Wassergaben wieder ein wenig erhöht. Nach der Blüte werden sie von Februar bis März wieder eingestellt, nur der Ballen wird leicht feucht gehalten.
Düngung:	Gedüngt wird der Weihnachtskaktus von April bis Juni und zwar erhält er jede Woche 2 g/l eines Blumendüngers. Nach dieser Periode wird nicht mehr gedüngt.
Erde:	Ich verwende Einheitserde oder Kakteenerde.
Umtopfen:	Ein Umtopfen ist nur sehr selten erfordert.
Vermehrung:	Durch Gliederstecklinge, die in feuchte Einheitserde gesteckt werden.
Eignung zur Hydrokultur:	Wie alle Kakteen eignet sich auch der Weihnachtskaktus für die Hydrokultur.
Schädlinge:	Krankheiten sind meistens auf Pflegefehler zurückzuführen. Schädlinge sind selten an der Pflanze zu finden.
Besonderheiten:	Keine.

Pflanzenverzeichnis

Deutsche Pflanzennamen

Adamsnadel 138
Agave 54
Aloë 56
Alpenveilchen 79
Amaryllis 101
Ananas 57
Aukube 63
Azalee 123
Baumfreund 119
Becherprimel 121
Birkenfeige 93
Bitterschopf 56
Blattbegonie 65
Bogenhanf 128
Brandbaum 55
Buntnessel 76
Chinesischer Roseneibisch 100
Christusdorn 86
Cleredendrum 73
Dieffenbachie 81
Drachenbaum 84
Edelgeranie 114
Edelperagonie 114
Efeu 98
Efeuaralie 89
Efeutute 130
Feige 92
Fensterblatt 108
Fingeraralie 82
Flamingoblume 58
Flammendes Kätchen 107
Fleißiges Lieschen 106
Frauenhaarfarn 51
Geranie 114. 116
Gloxinie 131
Goldorange 63
Graslilie 69
Grünlilie 69
Gummibaum 94
Guzmanie 97
Hängegeranien 115
Hortensie 104
Josuabaum 138
Jucka 138
Känguruhwein 70
Kalla 139
Katzenschwanz 50
Keulenlilie 77
Kletterfeige 96
Klimme 70
Knollenbegonien 66
Königswein 125
Korallenbäumchen 133
Korallenkirsche 132
Korallenstrauch 133
Kranzschlinge 135
Lanzenrosette 52
Leuchterblume 68
Lorbeerrose 111
Losbaum 73
Metzgerpalme 61
Mistelfeige
Nesselschön 50
Nestfarn 62
Nierenfarn 110
Oelander 111
Orangen 72
Osterkaktus 122
Palmlilie 138
Papageienwinde 112

Lateinische Pflanzennamen

Acalypha hispida 50
Adianthum 51
Aechmea fasciata 52
Aechmea fulgens 53
Agave 54
Aloe arborescens 55
Aloe variegata 56
Ananas comosus 57
Anthurium 58
Asparagus 60
Aspidistra elatior 61
Asplendium nidus 62
Aucuba japonica 63
Auracaria excelsa 64
Begonia rex 65
Begonia tuberhybrida 66
Ceropegia woodi 68
Chlorophytum 69
Cissus 70
Citrus 72
Cleredendrum Thomsoniae 73
Clivia 74
Coleus 76
Cordyline 77
Cyclamen persicum 79
Dieffenbachia 81
Dizygotheca elegantissima 82
Dracaena 84
Euonymus japonicus 85
Euphorbia millii 86
Euphorbia pulcherrima 88
Fatshedera lizei 89
Fatsia japonica 91
Ficus 92
Ficus benjamina 93
Ficus diversifolia 94
Ficus elastica
Ficus lyrata 95
Ficus pumila 96
Guzmania 97
Hedera helix 98
Hibiscus rosa sinensis 100
Hippeastrum 101
Hoya 103
Hydrangea 104
Impatiens 106
Kalanchoë blossfeldiana 107
Monstera 108
Nephrolepis 110
Nerium oleander 111
Passiflora 112
Pelargonium 114
Pelargonium grandiflorum 114
Pelargonium domesticum 114
Pelargonium peltatum 115
Pelargonium zonale 116
Peperomia 118
Philodendron 119

Passionsblume 112
Pfaffenhütchen 85
Pfeffergesicht 118
Philodendron 108, 119
Poinsettie 88
Primel 121
Rexbegonie 65
Riemenblatt 74
Ritterstern 101
Rochea 125
Russischer Wein 70
Schusterpalme 61
Schwertfarn 110
Spargel 60
Spindelstrauch 85
Springkraut 106
Strahlenaralie 129
Tillandsie 136
Usambaraveilchen 126
Vriesia 137
Wachsblume 103
Weihnachtskaktus 140
Weihnachtsstern 88
Zimmeraralie 91
Zimmerkalla 139
Zimmerlinde 134
Zimmertanne 64
Zitronenbäumchen 72
Zonalgeranie 116

Primula obconica 121
Rhapidophora aurea 130
Rhipsalidopsis gaertnerii 12
Rhododendron simsii 123
Rhoicissus rhomboida 125
Rochea coccinea 125
Saintpaulia ionantha 126
Sanseviera trifsciata 128
Schefflera 129
Schlumbergera truncata 14
Scindapsus aureus 130
Sinningia speciosa 131
Solanum pseudocapsicum
Solanum capsicastrum 133
Sparmannia africana 134
Stephanotis foribunda 135
Tillandsia 136
Vriesa 137
Yucca 138
Zantedeschia 139
Zygocactus truncatus 140

Luxemburgische Pflanzennamen

Afestack 108
Alpevioul 79
Amaryllis 101
Azalee 123
Blaatbegoonjen 65
Brennesselstack 76
Christusdar 86
Chröschtkaktus 140
Faarstack 62, 110
Figgen 92
Fläissegt Liischen 106
Fuusseschwanz 50
Geranien 114, 116
Gloxinia 131
Graasstack 60
Gummibam 94
Hänkeg Geranien 115
Hibiskus 100
Hortense 104
Ieselsouer 139
Jonggesellestack 61
Jousefstack 74
Jucka 138
Kallefinnen 139
Kallefsouer 139
Klotscheblumm 104
Knollebegonjen 66
Kommiounsblumm 104
Kommiounsstack 104
Kröschtstär 88
Lannestack 134
Laurier-rose 111
Lorjèrous 111
Orangebeemchen 72
Ouschterkaktus 122
Passiounsblumm 112
Philodendron
Primmelchen 121
Primmelstack 121
Russesche Wäin 70, 125
Schwéiermammszong 12
Tigeraloë 56
Usambaravioul 126
Waasserstack 106
Wantergréng 98
Zitrounebeemchen 72
Zömmerdänn 64
Zömmerlann 134
Zömmerrief 70, 125

Stichwörterverzeichnis

Abmoosen 32
Adventive Pflanzen 31
Assimilation 9, 10
Atmung 9
Ausdunstung 14
Belichtungsmesser 10
Beschattung 11, 16
Besonnung 11
Blattgrün 9, 10, 22
Blattläuse 35
Blumenarrangements 26
Blumenfenster 16
Bodenanalyse 18
Bodenbakterien 18
Bodenreaktion 18
Brennglas 17, 39
Chlorgehalt 15
Chlorophyll 10
Desinfektionsmittel 28
Drainageloch 15, 20
Düngen 23
Eingewöhnungszeit 20
Einheitserde 9, 19, 20, 25
Elektrische Heizung 16, 29
Entkalker 14
Flüssige Düngemittel 23
Geilwuchs 10
Getränkereste 46
Gießrand 20
Grodan 47
Härtegrad 14
Heideerde 19
Huminsäuren 18
Humus 18, 19
Hydroponik 42
Ionenaustauscher 23, 42, 45, 46, 47
Kalium 9, 19, 21, 22

Kalkgehalt des Wassers 14
Kälteschock 17, 48
Kalzium 9, 14, 21, 22
Kindel 32
Kohlendioxid 13
Kohlenstoff 9, 18, 21, 45
Lampen 12, 48
Langzeitdünger 23
Lauberde 19
Lecaton 44
Lehmböden 18
Levatit HD 5 46, 47
Lichtmarke 11
Luftfeuchtigkeit 16
Luftqualität 13
Luxmeter 10
Magnesium 9, 21, 22, 45
Minigewächshäuser 28, 29
Mistbeeterde 19
Moorerde 19
Mückenlarven 37
Nährlösung 42, 45
Osmose 14
Pehameter 18
Pflegefehler 37
Phosphor 9, 19, 21
Pilzkrankheiten 34
Ph-Wert 14, 18, 19
Plastikgefäße 25
Rasenerde 19
Regenwälder 8, 16, 19
Regenwasser 14, 19
Rote Spinne 36
Salzkonzentration 14, 21, 29
Salzlösung 14
Sandböden 18
Sauerstoff 9, 13, 15

Schädlinge 34
Schildläuse 35
Schwitzkasten 23
Sonnenlicht 9, 12
Spaltöffnungen 14
Spinnmilben 36
Sprühen der Blätter 17
Spurenelemente 9, 19, 21, 22, 45
Stecklinge 29, 30
Springschwänze 37
Stickstoff 9, 18, 22
Stoffwechsel 9, 18, 22
Thrips 36
Tonböden 18
Tongefäße 24
Topfnummern 20
Übertöpfe 25
Umtopfen 19
Verdunstung 14, 29
Vermehrung 28, 31, 32
Volldünger 24
Wachstumsperiode 20, 23
Wasseraufnahme 14, 21
Wasserdampf 17
Wasserenthärter 14
Wasserreservoir (Blumentöpfe mit) 25
Wasserschalenmethode 17
Weiße Fliege 35
Wolläuse 35
Wuchsstoffe 29
Wurzelballen 19
Wurzelwachstum 19
Zentralwasserversorgungsanlagen 27
Zigarettenrauch 13
Zugluft 13, 48
Zusatzbeleuchtung 12

143

„**Meine Zimmerpflanzen**" ist Teil einer Reihe von Büchern, die Pflanzenexperte Théo Peffer im Verlag Guy Binsfeld herausgibt. Dazu gehören ebenfalls folgende Titel:
„Mein Sträuchergarten"
„Mein Blumengarten"
„Mein Obst- und Gemüsegarten"
Wenn Sie über die einzelnen Théo Peffer-Bücher informiert sein wollen, so schreiben Sie an:
Editions Guy Binsfeld
14, Place du Parc
2313 Luxembourg-Bonnevoie

**Theo Peffer
Meine Zimmerpflanzen**

ISBN 3-88957-007-0
© by Editions Guy Binsfeld
14, Place du Parc   2313 Luxembourg

Alle Rechte der Verbreitung, auch durch alle audiovisuellen Mittel, des auszugsweisen Nachdrucks, der fotomechanischen Wiedergabe jeder Art und EDV-Speicherung sind vorbehalten und bedürfen der schriftlichen Genehmigung des Verlags.
Fotos: Jochen Herling
Layout: Pat Wengler
Satz: Editpress, Luxembourg
Druck: Lito Terrazzi, Firenze

Vertrieb für das Großherzogtum Luxemburg:
Messageries du Livre, 18, rue Christophe Plantin, 2339 Luxembourg